창원공단의 기억

뿌리뽑힌 사람들, 뿌리내린 사람들

이창우·강찬구 지음

창원공단의 기억

뿌리뽑힌 사람들, 뿌리내린 사람들

초판 1쇄 발행 2023년 5월 22일

지은이	이창우·강찬구
펴낸이	구주모
편집책임	김훤주

디자인	박인미
유통·마케팅	정원한
펴낸곳	도서출판 피플파워

주소	(우)51320 경상남도 창원시 마산회원구 삼호로38(양덕동)
전화	(055)250-0190

홈페이지	www.idomin.com
블로그	peoplesbooks.tistory.com
페이스북	www.facebook.com/pepobook

ISBN 979-11-86351-59-8 03910

창원
공단의
기억

뿌리뽑힌 사람들,
뿌리내린 사람들

이창우·강찬구 지음

도서출판
피플파워

차례

들어가는 말

〈창원공단의 기억〉은 창원기계공업공단(현 창원국가산업단지)에서 울고 웃은 사람들을 추적한 결과물입니다. 경남도민일보가 지역 언론사로서 지역민과 공유하고 싶었던 공공의 역사이기도 합니다.

창원시는 한국 최초의 계획도시로, 산업화의 상징적인 공간 중 하나입니다. 특히 중공업 중심지 창원기계공업공단은 한국이 선진국으로 발돋움하는 데 크게 이바지했습니다. 그 과정은 산업사·도시사 차원에서 긍정적인 면만 다뤄졌습니다. 흔히 '신화'라고 표현되기도 합니다.

하지만, 그 이면에서 원주민들이 받았던 고통이나 공장 구석구석에서 일했던 노동자들의 이야기들은 오랫동안 잊혔습니다. 즉, '사람' 이야기가 빠져 있었습니다. 이들이 가진 기억은 그 내용에 따라 창원이라는 도시의 정체성을 새롭게 규정할 수도 있는 구술사료와 같습니다. 지자체·학계·지역 언론계가 공공의 기억으로 끌어올려야 하는 내용이지만, 안타깝게도 이제까지 누구도 이들의 기억을 적극적으로 발굴하지 못했습니다.

공단 건설 과정에서 이주하게 된 원주민 1세대들의 기억을 채록할 수 있는 시기는 얼마 남지 않았습니다. 더 늦기 전에 기록을 시작해야 했습니다. 공단 건설에 젊음을 바친 옛 기능공들 중 많은 이들이 '창원 사람'으로 남아 있다는 사실은 다행이었습니다.

책 내용은 크게 세 부분으로 나뉩니다.

처음은 공단이 들어서기 전 옛 창원지역에 살았던 원주민들의 생활과 문화를 밝혔습니다. 수십 곳의 자연마을이 있었지만, 지형적·문화적으로 당시의 생활양식을 대표할 만한 마을 몇 곳을 골랐습니다.

이어서 창원 땅이 공단용지에 수용되면서 원주민들이 반강제로 겪었던 고통을 파헤쳤습니다. 1974년 산업기지개발구역 지정 고시 이후, 동양 최장 8차선 도로였다는 기지대로(현 창원대로)가 깔리기 시작할 때부터 이들은 고향에서 쫓겨나기 시작했습니다. 국가는 이들에게 바둑판처럼 구획한 이주단지를 제공했지만, 땅을 생명으로 알고 농사일만 알던 사람들이 새로이 들어선 공단도시에서 살아가는 데는 어려움이 따랐습니다.

마지막으로 전국에서 창원공단으로 모여 이주민의 도시를 만든 기능공들의 삶을 추적했습니다. 원주민들의 한이 서린 땅 위에 새로운 사람들이 모여들어 꿈을 펼친 이야기입니다.

창원 사람들이 창원을 더 입체적으로 이해하는 데에 도움이 되었으면 좋겠습니다. 또한, 이 작업이 더 다채롭고 깊은 원주민·기능공 서사를 발굴하는 계기가 되기를 바랍니다.

2023년 4월
이창우·강찬구

산단 조성 전 자연발생적 모습을 간직한 1973년의 창원 전경.
©양해광 창원향토자료전시관 관장

창원산단의 여명,
발전 신화의
빛과 그림자

(1) 잊힌, 가려진 이야기들

지금껏 창원의 이야기는 대개 성공가도로 그려진 '산업사'거나 '도시사'였다. 그 신화의 원심력은 산업단지가 들어서기 전 창원의 모습과 그곳에 살았던 사람들, 산단과 함께 삶을 꾸려온 사람들의 이야기를 흩어버렸다. 그러나 산단의 흔적은 그들의 삶에 여전하다. 이들의 이야기를 모으고 기억하는 것은 쉼 없이 달려온 산업화가 남긴 아픔을 달래고 창원의 역사를 풍성하게 하는 동시에 그 품격을 더하는 일이 되지 않을까.

"나는 오늘 이 자리에서 우리 국민 여러분에게 경제에 관한 하나

1974년 창원에 온 박정희(오른쪽 첫째) 대통령이 산업단지 터를 살펴보고 있다.
ⓒ양해광 창원향토자료전시관 관장

昌原機械工業基地
CHANG WON INDUSTRIAL COMPLEX

1975년 제작된 창원국가산단 조성 조감도. ⓒ양해광 창원향토자료전시관 관장

의 중요한 선언을 하고자 합니다. 우리나라 공업은 이제 바야흐로 '중화학공업시대'에 들어갔습니다. 따라서 정부는 이제부터 중화학공업육성의 시책에 중점을 두는 중화학공업정책을 선언하는 바입니다."

1973년 1월 12일 박정희 대통령 연두 기자회견. 국내 최초의 계획도시 창원과 그 출발점인 창원국가산업단지(이하 창원산단) 역사를 더듬다 보면 마주치는 첫 '공식적' 기억이다. 50년이 지난 지금, 창원산단은 경남 제조업 생산의 29.7%, 국내 기계산업 생산의 16.2%를 책임지고 있다. 약 2572만 8000m^2(777만 7000평)의 용지 안에 2861개 업체가 들어섰고, 한 해 약 45조 2361억 원어치 제품을 생산한다. 수출액은 119억 3000만 달러(약 15조 1800억 원)어치

요업센터등 視察

朴大統領 3日上午에

이상 신민당대표들도 이에 「民衆의代表가 전면철수하느」 기하는 디번원조 민진지본

【센터】를 시찰했다.

이날 朴大統領은 한일합섬과 요업 【센터】에서 남녀 종업원들의 작업현장을 했다. 집으로 보기엔 【아폴로】8호와 다름이 없으나 박大統領은 이날 하오3시 34분께 진해로 향발했다.

아폴로 9號 마지막 点檢

발사대로 옮겨져 오는 2월28일의 지구궤도시험비행을 위한 마지막점검을 시작 【아폴로】9호에는 4주이 달린 달착륙용 우주선이실 려있다. 【아폴로】9호의 10 일간에걸친 지구궤도비행의 독적은 우주에서의 이달 착륙용우주선의 가동산태를 실험하려는데 있다.

박정희 대통령내외분은청와대 朴忠규희호설장과 이기수권남지사회내통 이일상오 11시30분부터 마산의 한 일합설공장와 용남의 요업 일 거대한 【플렌트】에 실

마산과 창원 지역 산업 건설현장에 박정희 대통령이 방문했다는 내용의 1969년 경남매일 기사. ⓒ양해광 창원향토자료전시관 관장

1974년 촬영된 창원군청 모습. ©양해광 창원향토자료전시관 관장

에 달한다. 단지 내 노동자만 12만 104명으로, 창원시민(약 103만 명) 중 약 11.6%다. 국가가 추진한 기계공업 중심지다운 무게감이다. 하지만, 성공 신화의 빛이 아래에 드리운 그늘은 없었을까.

산업도시 창원의 탄생

1970년대 초, 한국 경제를 떠받치던 경공업 수출이 대내외적 조건 변화로 한계에 봉착했다. 베트남 전쟁 특수도 끝났고 국내 경제는 둔화했다. 이런 상황에서 오원철 당시 청와대 경제 제2수석 비서관은 중화학공업화로 수출 100억 달러 달성이 가능하다는 보고를 대통령에게 올린다. 이후 정부는 제2·3차 경제개발5개년계획에 이 내용을 반영하고 산업구조 고도화를 꾀했다. 박 대통령이 1973년 중화학공업 시대를 선언한 배경이다. 목표는 10년 동안 연간 100억 달러 수출·1인당 국민소득 1000달러를 달성하고, 그 중 50%를 중화학공업으로 일구겠다는 것이었다.

대통령 선언 직후, 오원철 수석은 〈공업구조개편론〉을 보고하며 기계공업 중심지 기본지침을 명시했다. 단순한 생산기지가 아니라 교육·연구단지, 배후도시를 갖춘 '대단위 기지계획'으로 추진한다는 내용이었다. 창원은 유력 후보지로 검토됐다. 박 대통령은 그해 4월 창원을 방문해 직접 입지를 살폈고, 5개월 뒤 '창원종합기계공업기지 건설' 지시를 내렸다. 왜 창원이었을까?

이 결정에는 창원 일대의 지리적 이점이 주된 이유가 된 것으로 알려져 있다. 중화학공업은 업종·업체간은 물론, 원료-중간재-완제품의 생산·기술 연관관계가 커 공장의 집적이 필요하다. 또 크고 많은 장비가 필요해 넓은 터를 갖추고 산업용수 공급 등이 유리해야 한다. 이런 관점에서 볼 때 창원은 기계공업기지를 만들기에 가장 적합한 땅이었다. 창원은 포항·울산·대구·구미·부산·진주·마산 등 당시 산업도시들이 그리는 '공업벨트' 가운데 있어 교통이 편리했다. 남해고속도로와 경전선·진해선 철도로 이들 산업도시와 이어졌고, 마산항을 끼고 있어 뱃길도 열려 있었다. 500~800m 높이 산들로 둘러싸인 5000ha 평야는 보안에도 유리할 뿐더러 공장 집적, 주거단지 조성이라는 목적에도 알맞았다.

이후 산단 조성은 급물살을 탔다. 창원기계공업기지 건설 시행

창원기계공업공단

1975년 공단 안내 표지판. ⓒ양해광 창원향토자료전시관 관장

은 산업기지개발공사(현재 한국수자원공사)가 도맡게 됐고, 이듬해
건설부는 산단 구역면적 약 4335만㎡(공업용지 약 1745만㎡) 조성을
고시했다. 현재 백만 특례시를 이룬 젖줄이자 수많은 사람의 이주
와 정착, 융화의 용광로는 이렇게 터를 잡았다.

고향에서 밀려난 사람들

창원(당시 창원군)은 30~40여 개 농촌마을만 있던 곳이었다. 그
런 곳에 아스팔트 대로와 거대한 쇳덩이들이 들어섰다. 산업단지
라는 국가의 '인위(人爲)'는 이곳 주민의 삶과 기억에도 크고 작은

1976년 9월 1일 마산시 경상남도창원지구출장소 개소식. ⓒ양해광 창원향토자료전시관 관장

발자취를 남기며 지역의 정체성을 흔들었다. 창원에서 현재를 사는 이들 대부분이 제대로 기억하지 못하는 이야기들이다.

"우리가 살았던 연덕동 마을은 '속구 웃동네'로 불렸는데, 대부분이 농사를 지었죠. 어느 날부터 하루하루 동네가 달라졌어요. 나라가 시킨 일이라고, 동네 사람들 모두 땅을 내주고 대원동으로 이사한다고 하더군요. 우리 마을에 공장을 세운다고…." 창원시 성산구 웅남동(당시 지명 연덕동)에서 유년기를 보낸 도희주 동화작가가 기억하는 산단 조성 당시 기억이다.

빛은 이곳에 그늘을 드리웠다. 도 작가처럼 많은 사람이 고향을 떠났다. 창원산단 터는 전답과 대지가 주를 이뤘기에 단지 조성을 위해 방대한 규모의 토지 매입과 기존 시설의 철거가 필요했다. 시작은 공장 용지였다. 가장 빨랐던 제1단지(현 LG전자 창원1공장·SNT중공업 공장 등 위치) 조성에만 가옥 568동이 철거되고 원주민 1165명이 이주했다. 이후 1978년까지 현재 산단 내 공업지역 대부분에 걸쳐 총 1765가구 9523명의 주민이 집을 떠났다. 기지대로 위 배후도시(중심상업지구·주거단지) 터에 살던 사람들도 마찬가지였다.

토지수용과 이주에는 당사자들의 결정권이 거의 보장되지 않았다. 특히 70년대부터 80년대 초에는 보상도 터무니없는 수준이었다. 박흥실 삼원회(산단 지역 원주민 단체) 이사장은 "초창기 이주한 사람들은 사실상 강제수용을 당했고, 반발했다가 국가안전기획부(현 국가정보원)에 끌려간 사람도 있다"라고 말했다.

이시우 삼원회 사무국장은 "택지 하나 주고 집을 알아서 지으라는 식이었는데, 보상액이 새 집 건축비도 다 충당하지 못했다"고 설명했다.

도 작가 경험도 이를 뒷받침한다. "연덕동에선 넓은 집에 살았고 논밭을 크게 일궈 부족함을 몰랐다"라며 "그것들을 두고 방 두 칸이 전부인 곳으로 이사를 갔다"라고 말했다. 그러고도 빚을 졌고, 가세는 기울어만 갔다. 도 작가는 "연덕동을 떠나지 않았다면 우리 가족 운명은 크게 달라졌을 것"이라고 덧붙였다.

'창원으로' 떠난 사람들

창원산단은 계획적으로 조성된 곳인 만큼 다른 지역에서 직업을 찾아 온 사람들이 많다. 이들은 창원 토박이들, 혹은 전국 각지에서 이주해온 사람들과 함께 뒤섞였다. 노동하고, 가족을 만들고, 추억을 쌓으며 '창원사람'의 정체성을 만들어갔다.

박 이사장은 "공단 건설 전 이곳에 살던 사람들은 거의 100%가 원주민이었지만, 지금은 후손들까지 합해 5~10% 정도밖에 안 될 것"이라며 "100만 도시가 된 데는 타지에서 온 분들의 역할이 빠질 수 없다"라고 말했다.

이질적인 삶이 섞이는 과정에서 나타난 풍경들도 있다. 도 작가는 초등(국민)학교 시절, 어느 날 전학 온 '서울 아이들'을 떠올렸다. "토박이들은 고무줄 바지나 치마를 교복처럼 입고 있었지만, 전학 온 아이들은 말씨부터 옷차림까지 모두 달랐어요. 레이스가 달린 옷을 입고 꽃무늬 헤어핀을 꽂기도 하고⋯. 너무 하얗고 예뻐서 다른 세상 사람 같았어요."

산단이 들어서면서 현재 통합창원시 내의 지리적 여건과 위상도 변화가 있었다. 수차례 행정구역과 지명이 바뀌었고, 지역 내 경제·행정적 위상이 달라졌다. 이 사무국장은 지금과 사뭇 달랐던 예전 모습을 묘사했다. 그는 "옛날에는 마산에서 창원까지 가는 택시가 없었다"라며 "때문에 경남도청이 창원으로 옮겨오고 난 뒤에는 택시기사들에게 도청으로 와 출석카드를 찍도록 한 적도 있다"라고 말했다. 그러면서 "마산수출자유지역에서 일하는 사람들은 퇴근하면 창원행 택시를 잡을 수 없어 단체로 모여서 총알택시란 것을 타야 했다"라고 회상했다.

최근의 창원특례시 모습. 공장 건물들이 빼곡히 들어서 있다.
ⓒ양해광 창원향토자료전시관 관장

대통령 결단 앞서
지역에서 움튼
중공업화 노력

(2) 산단 조성의 다층구조방정식

지금까지 창원국가산업단지 설립 배경에 관한 설명은 대개 정부, 특히 박정희 대통령이 세계 경제환경 변화와 마산·창원 지역의 환경적 여건을 합리적으로 고려해 내린 결단이라는 데 중점을 뒀다. 하지만 최근의 연구들은 이런 설명에 빠진 내용이 많음을 지적한다.

최영진 서울대학교 지리교육과 박사는 〈지리정치경제학적 관점에서 본 창원공단 설립 전사〉·〈마산수출자유지역의 형성을 둘러싼 국가-지방 관계에 대한 연구〉 등 논문으로 지역 산업 발전을 살펴 온 연구자다. 최 박사는 2014년 발표된 이 두 논문에서 창원에 산업단지를 만드는 움직임이 박 대통령 결정 이전부터 있었다고 논증한다. 권력자의 한마디가 아니라 다양한 주체들의 활동이 얽혀 만든 결과였다는 이야기다. 구체적으로는 옛 마산시와 지역 경제인들이 60년대부터 공업단지 조성을 위해 노력해왔고, 용역을 의뢰받은 일본·미국 등 외국기업들이 내린 판단도 많은 영향을 끼쳤다는 내용이다.

마산시 임해공업단지 조성계획

마산시는 1966년부터 현재 창원산단 일대를 포함한 지역에 임해공업단지를 조성하려는 계획을 추진했었다.

마산은 당시에도 산업 중심지로, 전국 기계산업 분야 업체 97%

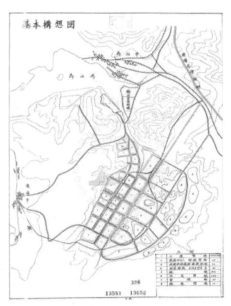

1973년 대통령기록관이 공개한 대통령비서실 문서 속 창원기계공업기지 기본구상도. ⓒ허정도 경상남도 총괄건축가

가 경남에, 이 중 46%가 마산에 있었다. 마산상공회의소는 그해 1월 발간한 〈마산상의 뉴스〉에서 시 당면과제를 '근대적 공업도시 실현'으로 제시하는 등 공업 고도화에 촉각을 세우고 있었다. 마산시가 연말께 낸 계획안은 당시 마산시 권역을 넘어 창원군 3개 면(창원면·상남면·웅남면)이 포함됐다. 즉, 현재 창원산단 지역을 공단 용지로 조성하려는 기획은 이때 초안이 나왔다. 이 계획은 수정을 반복하다 중단됐지만, 용지를 매립하는 등 일부 진행된 일들은 훗날 창원산단 입지에 유리한 조건을 만들었다.

마산시 계획이 1973년 창원산단 건설 계획에 직접 반영되지는 않았다. 하지만, 시와 경제인들의 노력은 적합한 기계공업기지 용지를 찾으려는 정부의 판단에 간접적인 영향을 끼쳤다. 정부는 동남해안 일대에 수출을 위한 임해공단을 조성하기 위해 먼저 1969년 마산수출자유지역을 조성을 결정했다. 마산을 선택한 가장 큰 이유는 1966년부터 봉암동 일대에 매립이 진행돼 있어 정부의 추가 비용부담이 가장 적을 것으로 보였기 때문이다.

또 1961년 공업화 초기부터 진행한 '동양중공업안'이 마산에 기계공단을 세우려고 했던 것, 외국 기업에 맡긴 타당성 연구용역에서도 창원이 가장 타당성 있는 입지로 떠오르게 된 것에도 지역의 노력과 역할이 영향을 줬다.

마산 입지 지지한 외국 기업들

1차 경제개발5개년계획이 추진되던 1962년, 박 대통령은 손달원 야마토전기·신일본기공 대표에게 기대를 걸었다. 그가 투자하거나 끌어올 수 있는 자금이 반드시 필요해서다. 손달원은 한일합작기계공장 '동양중공업'을 세우는 일을 정부와 협의했다. 동양중공업은 최초 울산에 들어설 계획이었지만, 2차 변경안(1966년 9월)에서 입지를 마산(지금의 창원산단 부지)으로 수정했다. 변경 사유를 정확히 알 수는 없지만, 지역 차원의 노력이 이 결정에 영향을 끼친 것으로 추정된다. 1966년 7월 〈매일경제〉 기사에서는 마산상의가 1만 t급 선박을 댈 수 있는 마산항을 강조하며 동양중공업 유치운동에 나섰다는 소식이 확인된다.

동양중공업안은 5차 안까지 수정을 거듭하다 폐기됐다. 북한과도 거래하던 손달원을 정부가 믿지 못했기 때문이다. 하지만 그 영향력은 맥을 이어간다. 동양중공업안은 1967년 정부가 기계공단 설립 타당성 조사를 의뢰한 미국 컨설팅기업 커니(A.T.Kearney)사의 보고서에도 반영된다. 보고서는 동양중공업안이 가장 현실성이 높다고 판단하며 현 창원산단 지역이 최적지라고 결론 내렸다. 1969년 정부가 미쓰비시사에 의뢰한 타당성 조사 보고서 역시 마산을 높게 평가했다. 초기 투자로 조기에 공장 생산 개시가 가능하고, 개발가능용지가 넓다는 이유에서였다. 미쓰비시안은 마산을 여러 지구로 나눴는데, 현재 마산자유무역지역(구 마산수출자유지역)이 있는 봉암동 일대를 1지구로 정했고, 2~6지구가 바로 현재 창원산단의 위치다.

'위대한 결단' 아닌 복합 상호작용의 결과

최 박사는 "창원산단 건설계획은 우리 정부가 일본 기업 미쓰비시에 의뢰해 나온 보고서에 직접적인 영향을 받았다"고 설명했다. 미쓰비시 보고서는 1969년 정부의 마산수출자유지역 계획에 반영된 데 이어, 창원산단의 출발인 1973년 창원기계공업기지 건설계획에 '일본개발연구소안'으로 포함된다. 결국 창원산단의 탄생은 지역이 스스로 축적한 역량과 공단 유치 노력, 외국 기업의 판단, 이 모두를 고려한 정부 판단이 복잡하게 얽힌 결과라고 볼 수 있다.

최영진 박사

최 박사는 시야를 좀 더 넓혀보길 주문했다. 그는 "창원산단 건설뿐만 아니라 한국 공업화 과정은 정권·국가의 계획적 합리성이나 국가·재계·지역 중 어느 하나의 역할이라는 단순 구분

법으로 설명할 수 없다"라며 "국가의 행위는 지역부터 초국적 세력까지 다양한 사회세력들이 세운 전략이 복합적이고 동시다발적으로 상호작용하며 이뤄지는 것"이라고 말했다. 이어 "창원산단 사례는 권위주의 통치 시기조차도 이런 양상이 나타난다는 점을 보여준다"라며 "박정희 정부 시기, 창원을 포함한 한국 공업 발전을 대통령이 내린 '위대한 결단'의 결과로만 말할 수 없다는 이야기"라고 덧붙였다.

1976년 7월 국가산단 터 조성 직전 귀곡리 전경.
ⓒ양해광 창원향토자료전시관 관장

마산 바다 건너
주렁주렁
포도 영글던
'귀한' 땅

(3) 귀곡·귀현리 원주민 생활상

창원은 오랫동안 순박한 농부들의 영토였다. 넓고 기름진 땅 곳곳에 옹기종기 마을이 있었고, 상당수는 집성촌을 이뤄 살았다. 너나 할 것 없이 힘들었지만 산과 들, 바다가 낳은 것들로 풍요로웠다. 논밭마다 풍기던 두엄 내음, 바다에 비친 시내 불빛, 아무 곳에나 누우면 쏟아지던 별빛. 창원 원주민들에겐 잊으려야 잊을 수 없는 기억이고, 이젠 다시 볼 수 없는 고향 풍경이다. 창원공단의 기억은 여기까지 거슬러 올라간다.

삼귀 해안도로를 모르는 창원 사람은 드물다. 멋들어진 카페들이 마창대교를 끼고 늘어섰고, 주말마다 주차 차량으로 장사진을 이루는 곳. 누구나 한 번쯤 찾은 적이 있겠지만, 지명 유래를 아는 사람은 드물다. 이 부근은 해안가를 따라 창원군 웅남면 귀현·귀곡·귀산리가 있던 곳이었다. '삼귀'라는 이름이 붙은 까닭이다. 이 중 마산만과 마주 보던 귀곡·귀현리는 국가산업단지 터로 편입되며 사라졌다. 당시에는 현대양행 공장이 들어섰고, 지금은 두산에너빌리티가 있는 장소다.

잊을 수 없는 고향 풍경

"저녁 무렵, 바다 건너 마산시 쪽으로 고개를 돌리면, 어둑어둑한 마을과 대비되는 마산시 불빛이 한눈에 들어오죠. 그 아래 바다가 주황색으로 빛나는 광경을 아직도 잊을 수가 없어요. 새벽녘 산

창원국가산단 터 조성으로 귀현·귀곡리가 철거된 뒤, 인근 삼귀동에 일부 남은 포도단지의 1991년 8월 모습. ©양해광 창원향토자료전시관 관장

에 올라 같은 곳을 보면 또 다른 풍경이 펼쳐집니다. 서쪽으로 넘어가는 달 그림자가 바다에 반짝이면 꼭 빨려 들어갈 것 같거든요. 우리는 '은파'라고 불렀습니다. 시간이 흘러도 잊을 수 없는 기억들이지요." 지금은 뿔뿔이 흩어진 두 마을 사람들은 이곳에서 살았던 기억을 생생하게 떠올렸다.

두 마을에 사람이 살기 시작한 때는 정확히 알 수 없지만, 적어도 수백 년 전으로 추정된다. 귀곡리는 창원군(옛 창원시 지역) 안에서도 상당히 큰 마을이었고, 조금 위쪽에 있었던 귀현리는 그 절반에 못 미쳤다. 때문에 사람들은 귀곡리를 '본동네'라고 불렀다. 두 마을을 합쳐 '구실'이라고도 했다.

김창근(왼쪽), 고경수 씨. ©이창우

〈창원출장소사〉는 현대양행 공장 터 조성 직전 귀곡리에 180가
구 873명, 귀현리에 63가구 334명이 살았다고 기록하고 있다. 귀
곡 출신 고경수 씨는 "고등학교 졸업 후 바로 웅남면사무소(당시 창
곡리 소재)에서 호적 업무를 봤었는데, 귀곡리 호적표가 가장 길었
다"라고 회상했다. 그즈음에는 귀곡 한 동네 학생 숫자가 웬만한
1개 면 전체보다 많다는 이야기도 돌았다.

경수 씨 친형 고익수 씨는 귀곡에 사람이 많았던 이유를 두 가지
로 설명했다. 첫째는 옆동네 진해에 해군 공창(현 해군 군수사령부 정
비창)이 있어 군무원이 많이 살았던 점, 둘째는 1959년 태풍 '사라'

고미애(왼쪽), 고익수(가운데) 씨. ⓒ이창우

이후 거제·통영 사람이 많이 건너왔던 영향이다. 익수 씨는 "거제 해안가에 살던 주민들이 태풍으로 침수 피해를 겪고 '도저히 못살 겠다'며 귀곡으로 왔는데, 우리는 '물 아래 사람'으로 불렀다"라고 말했다.

'섬 아닌 섬'

자연마을로는 인구가 많은 편이었지만 교통은 무척 불편했다. 마창대교는 당연히 없었던 때라, 육로로 마산에 가려면 산을 넘고 봉암다리를 건너야 했다. 마산 남성동에서 귀현·귀곡·용호·귀산

고영조 시인. ©강찬구

리까지 왕복하는 '웅남호'라는 정기선이 다녔던 까닭이다. 배편을 이용하는 고객 중에는 학생도 많았다. 이곳에는 중·고등학교가 없어 삼귀국민학교(귀곡 소재) 졸업생은 모두 마산으로 진학했다. 귀현 출신 고영조 시인은 "당시 중학교 등록금이 180원이었고, 웅남호 뱃삯은 1원 정도 했다"라며 "하도 배가 고프다 보니, 표를 부둣가에서 파는 빵하고 바꿔 먹고는 배 뒤에 몰래 밧줄을 내려 매달려 가기도 했다"라고 말했다.

어쩌다 과외수업 때문에 오후 5시 30분 마지막 배편을 놓치면 어쩔 수 없이 산길을 걸었다. 김창근 씨는 그럴 때면, 호주머니에 담배와 성냥을 꼭 챙겨 다녔다. 산짐승들이 화약냄새를 싫어한다는 말을 들어서다. 김 씨는 "덕분에 담배도 일찍 배웠다"라며 웃었다.

사실상 섬과 같은 곳이다 보니, 기반 시설을 깔기 어려웠다. 전기도 안 들어왔고, 자동차가 다닐 도로도 없었다. 익수 씨는 "베트남 전쟁에 참전했다 1968년 돌아오면서 전축을 하나 사 왔는데, 한 번 틀어 볼 수가 없었다"라며 아쉬워했다. 동생 고미애 씨는 "책 펴고 공부할라치면 호롱불을 켤 수밖에 없었고, 촛불도 사치였다"라고 거들었다.

내내 조용하다가도, 이따금 시가지나 인근 군부대에서 들려오는 소음이 시끄럽게 울렸다. 창근 씨는 "신마산 화력발전소가 수시로 내뿜는 증기 배출 소리는 이곳을 처음 방문하는 사람들을 놀라게 했다"면서도 "시계가 없는 집이 많았는데, 진해 해군 공창에서 하루 일과에 따라 내뿜는 기적 소리를 듣고 시간을 가늠하기도 했다"라고 말했다.

포도향 가득했던 풍요로운 땅

문명의 이기 대신, 풍요로운 자연 덕을 보며 살았다. 귀현·귀곡 이름부터 귀할 귀(貴) 자가 들어 있다. 귀현리에는 금광·동광 등 광산이 있어 일제강점기까지는 채굴 활동이 활발했지만, 광복 후에는 아이들의 담력 시험 장소가 됐다. 두 마을 사람들은 대부분 농사를 지었는데, 농지의 1할 정도는 전국에서 유명한 포도 재배지였다. 처음 포도를 심은 사람은 익수, 경수, 미애 씨 부친인 고 고종효

1976년 7월에 촬영된 매립 전 삼귀해안의 모습. ©양해광 창원향토자료전시관 관장

씨다. 거제 포도농장에서 가져온 묘목을 귀현에 심고, 복음농업실수학교(창신학교 병설)에서 배운 지식으로 정성스레 길렀다. 경수 씨는 "아버지는 10여 년 연구 끝에 포도농사가 성공하자, 마을 사람들에게 묘목을 나눠줬다"라며 "일제강점기 농촌계몽운동 관련 서적으로 독서회를 하다 옥고를 치른 적도 있는 분인 만큼, 함께 잘살아야 한다는 신념이셨던 것 같다"라고 말했다. 그렇게 두 마을은 포도밭으로 뒤덮였다.

포도가 익는 8월 중순이면, 달큼한 포도향이 온동네를 메웠다. 마산 사람들도 주말이면 웅남호를 탔다. 고 시인은 "적현리(현 창원 국가산단 적현단지)와 귀현리 사이 백사장이 쭉 이어져 있었는데, 가포해수욕장과 함께 마산에서 갈 만한 피서지였다"라며 "해수욕을 가기 전에 꼭 구실에 와서 포도를 먹고 가곤 했다"라고 말했다. 도시 피서객들을 구경하는 일은, 촌 아이들이 누리는 낙이었다.

일부 마을 사람들은 해산물 채취를 부업으로 삼았다. 간조 때면 조개·바지락·꼬막·게 등이 갯벌에 모습을 드러냈기 때문이다. 귀현·귀곡 사람들은 대여섯 살만 되면 헤엄을 능숙하게 쳤는데, 해안 가와 가까운 아랫마을 아이들은 '불배'(멸치를 현장에서 삶는 어선)가 나타나기만 기다렸다. 곧 멸치잡이 배가 온다는 뜻이래서다. 익수 씨는 "배까지 헤엄쳐 가서 올라타면 멸치를 실컷 먹을 수 있었는데, 당시 뱃사람들은 제지하지 않았다"라며 "어차피 헤엄쳐 돌아가야 하니, 현장에서 먹는 몫 외에는 더 가져갈 수 없었기 때문"이라고 설명했다. 가포 해안이나 진해 용원 멸치어장까지 된장·풋고추를 들고 가서 멸치와 교환하기도 했다. 뱃사람들은 아이들에게 "다음에는 된장을 더 많이 가져오라"고 부탁했다. 1977년까지의 귀곡·귀현리의 일상은 이렇듯 평화로웠다.

1980년의 사파동. 나무가 거의 없는 산이 눈에 띈다.
©양해광 창원향토자료전시관 관장

분지 창원,
역사와 삶
쌓이고 흐른
산과 시내

(4) 봉림·사파정, 산천의 단편

창원산단이 들어서게 된 옛 창원군 일대는 대부분 산으로 둘러싸인 분지다. 북쪽으로는 창원에서 가장 산세가 험하다는 정병산을 포함해 태복산·봉림산·비음산이 있고, 동편에는 대암산과 불모산이 서 있다. 남쪽엔 진해구와 경계를 짓는 장복산이 있다. 분지 안쪽은 불모산에서 흘러나온 물이 마산만 바다로 빠져나가는 줄기인 남천이 흐른다. 이런 특징은 박정희 정부가 창원에 방위산업을 포함한 전략적 거점으로 구상한 기계공업단지를 정한 이유가 됐다. 하지만 산천도 사람도 그 전부터 이곳에 있었다. 시가지 외곽에 산 가까이 자리한 창원 봉림·사파정 일대 자연마을의 기억을 창원 산천 이야기와 함께 들었다.

너나 할 것 없이 농사짓던

"신라 때 무슨 스님이 와서 절을 세웠다 하더만."

5살 때 일본에서 귀국한 후 쭉 봉림동에서 살아온 이강원 씨 말이다. 봉림동은 진경대사가 세운 봉림사에서 유래했다. 봉림사가 들어선 산은 봉림산이 되고, 그 아래 마을은 대봉림, 소봉림으로 불리며 천년을 이어왔다 전해진다.

"전부 농사지었지. 나중에 논 다 넘기고 나서는 볏짚 모아서 한동안 땔감으로 썼다."

공단 배후 도시로 수용되면서 원주민들이 남긴 소봉마을 유허비

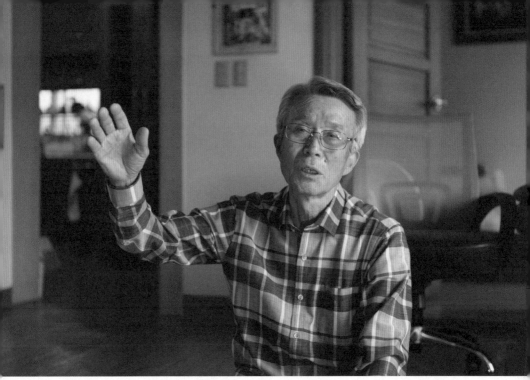

해방 후 봉림동에서 계속 살아온 이강원 씨가 창원까지 들려오던 한국전쟁 때의 기억을 회상하고 있다. ⓒ강찬구

에는 김해 김씨·밀양 박씨·김녕 김씨·남원 양씨 등이 집성촌을 이뤄 농사를 지었다고 적혀 있다. 현재는 일반 주택이 빼곡하게 들어서 있고 아파트 단지가 솟아 있지만, 공단 조성 이전에는 작은 마을들 사이로 전답과 농로가 주를 이룬 곳이었다.

사파동에 사는 이기찬 씨도 수용 전 살던 곳에서 멀리 떠나지 않았다.

"원래 동네 이름은 사파정동이었다. 그중에서도 동산마을, 50~60호 정도 있던 마을에 살았다."

현재 사파동은 사파정동을 비롯해 남산동·사파동·토월동·대방

사파동에 사는 이기찬 씨가 산과 들에서 살던 유년기를 이야기하고 있다. ©강찬구

동을 법정동으로 포함하는 행정동이다. 사파정은 창원 남면 쪽 쌀
주산지였다. 이름 유래도 쌀푸정·쌀무정 등이 변한 것이라 알려져
있다. 그런 만큼, 수용이 늦은 곳이었지만 개발 이전의 기억은 농경
에 관한 것이다.

"공부는 뒷전이었고 거의 농사일 거들면서 살았다. 그땐 아이들
이 모두 노동력이었기 때문에, 모내기철 되면 새벽에 부모들 일 나
갈 때 따라갔다가 와서 등교하곤 했다. 농사일이 하기 싫으니까, 낫
질할 때는 또래들과 '풀 따먹기'란 것을 했다. 진 사람이 풀을 더 베
는 거지."

도희주 작가가 살던 속구 웃동네 사람들이 지금의 소풍 격인 회치를 즐기고 있다. 정면을 향해 춤을 추는 한복입은 여성이 도 작가의 어머니다. ⓒ도희주 작가

삶에서 멀지 않았던 산과 강

"그때는 화목(땔나무)을 해야 해서 아이들이 나무 하러 가는 게 일상이었다. 초등학생만 한 작은 아이들은 근처로, 큰 아이들은 산으로 갔다."

이기찬 씨는 창원을 에워싼 산들을 민둥산으로 기억한다.

"사람들이 나무를 워낙 많이 베다 보니까 산에 나무가 없었다. 새벽에 도시락 싸서 올라가면 해가 지고 나서야 내려오곤 했다. 집집마다 연탄보일러 들이고 난 후에 나무가 다시 자랐다. 그때 나무 안 하러 가도 된다며 좋다 그랬다."

1963년 찍힌 대산중학교의 성주사 계곡 봄소풍 모습. ⓒ양해광 창원향토자료전시관 관장

　일터로서의 기억만 있는 것은 아니다. "어른들이 날을 정해 하는 회치, 해치라 하는 게 있었다. 불모산·대암산 같은 곳에 갔다."

　회치는 경상도 농촌 지역에서 여럿이 모여 가는 나들이를 이르는 말이다. 정확하지 않지만 혹자는 예부터 '희취'라는 전통문화가 있었고, 그 말이 '해치', '회치' 등으로 바뀌었다고 주장하기도 한다. 연덕동에 살았던 도희주 동화작가도 회치를 기억한다. 도 작가 말이다.

　"보통 삼월 삼짇날에, 보리 수확은 남고 모내기는 아직인 때 즈음에 갔다. 한 마을 단위로 어머니들은 한복, 아버지들은 양복을 차려입고 가는 어른들의 소풍 같은 것이었다. 고기 먹기 힘든 시절에

대산중학교의 1967년 웅남천변 소풍 모습. ⓒ양해광 창원향토자료전시관 관장

돼지고기 수육도 하고 떡도 쪄 불모산 성주사 골짜기 같은 데로 가서 노래 부르고 춤도 추는 날이어서 아이들도 좋아했다."

분지를 가로지르는 남천은 창원 어느 마을에 산 사람이었든 많은 기억을 남겼다. 이기찬 씨는 남천의 맑은 물과 풍부한 생태를 기억한다.

"봉암에서 은어가 많이 올라왔다. 봉암교 쪽에 가면 장어도 있었고 재첩도 많았다. 당시만 해도 남천은 1급수라 소 몰고 가다 물 먹일 때 사람도 같이 마셨다."

가음정동에 살며 창원시의원을 지낸 강장순 씨는 자연이 주던 놀잇감들을 풀어놨다.

1972년 촬영된 성주사 계곡 봄소풍. ⓒ양해광 창원향토자료전시관 관장

"남천 가에 산태방구(바위)란 게 있었다. 미끄럼틀처럼 생겨서 타고 내려가면 물로 떨어지게 돼 있어서 아이들이 모여 놀았다. 남아 있었다면 거창의 명승 수승대만큼, 아니 도심 내에 아직 있는 것이라면 최고의 명소가 됐을 것이다."

강 전 의원은 계속 추억을 더듬었다. "겨울에 남천이 얼면 아이들이 집에서 만든 썰매나 스케이트를 타고 놀았다. 얼음이 살짝 녹으면 빙판이 울렁울렁 움직이는데, 그 재미로 그곳을 지나가곤 했다. 운이 없으면 얼음이 깨져서 물에 빠지는 것이고…."

역사의 조각과 만난 기억들도 있다. 이기찬 씨는 어린 시절 심부름을 다니다 겪은 이야기를 들려줬다.

1975년 3월 촬영된 성산패총 발굴 모습. ©양해광 창원향토자료전시관 관장

　"닭 모이로 주기 좋은 게 조개껍데기다. 가음정 성산패총 주변 작은 산에 가서 땅을 파면 조개껍데기가 나왔다. 그 주변 아니라 다른 산에 가도 땅을 파면 조개껍데기가 나왔다. 어린 시절에는 그저 옛날 사람들이 먹고 버린 것이구나 생각했다. 그 작은 산들도 애초에 조개 무더기가 쌓인 것에서 시작된 게 아닌가 싶었다. 또 산에서 호박덩굴 같은 걸 파다 보면 안에서 토기 조각이 나왔다. 틀림없이 가야 토기다 싶었는데, 어느 날 마을에 부산 동아대 교수인가 하는 사람이 와 아이들에게 사탕 쥐여주더라. 그러면서 토기 주워놓은 거 있으면 다 가져다 달라 해서 싹 걷어갔다."

1975년 성주사 계곡에서 벌어진 야유회 모습. ©양해광 창원향토자료전시관 관장

산 건너 포성에 실려 온 전쟁 소식

한참 앞선 시기인 한국전쟁기의 기억도 들었다. 창원시 마산회
원구·합포구의 서쪽 외곽은 최남단 전선이면서 임시 수도 부산으
로 들어가는 길목으로 북한 조선인민군이 공세를 집중한 곳이었
다. 이에 1950년 8월 2일부터 9월 14일까지 마산 전투라 총칭하는
크고 작은 전투들이 이어졌다. 널리 알려진 것으로는 진동리지구
전투가 있다. 마산합포구 진북면에 가면 그 전첩비가 서 있는데 해
병대 김성은 부대가 북한군을 격퇴하고 진동리를 되찾은 것을 기
리는 내용이다. 현재 창원산단이 있는 당시 창원군은 낙동강 방어
선에 둘러싸여 직접 참화를 입지는 않았다. 하지만 전운과 참혹한

1984년 성주사 계곡 모습. ©양해광 창원향토자료전시관 관장

풍문, 전쟁이 남긴 상흔은 창원군까지 스며들었다.

　마산앞바다로 전선과 떨어진 귀현에 살던 고영조 시인에게 전쟁은 동심에 비친 모습이다.

　"밤에 포 쏘는 소리에 산에 올라서 보면 저 멀리 불타는 모습이 보였다. 어릴 때니 뭘 알았겠나. 비행기가 지나가면 저 멀리서 대공포를 쏴 대는데, 예광탄이 날아가며 밤하늘에 불빛을 수놓는 것이 아름답게만 느껴졌다."

　이강원 씨는 당시의 봉림동 일대의 전운을 기억한다. "전쟁 나고 얼마 뒤에 미군이 들어와서는 근방 학교·운동장에 진을 쳐서 학교를 못 갔다. 그러더니 여기서 용강고개 거쳐, 천주산까지 철책을 치

2005년 촬영된 불모산 성주사. ⓒ양해광 창원향토자료전시관 관장

고는 산꼭대기에서 포를 쏘더라. 국군 해병대들이 미군에게 M1소총을 받고 잘 맞는다고 좋아했다더라 하는 식으로 진동전투 이야기도 들었다. 전쟁 때 참혹했다. 전후에 함안 쪽에 사촌 도우러 갔는데, 산에서 흙을 파니까 해골이 나왔다."

우리 현대사에 손꼽히는 광풍인 국민보도연맹 사건에 관한 기억도 풀어놨다. "북에서 박헌영이 내려와서 사람들을 포섭했다 하더라고. 면서기쯤 되는 똑똑한 사람들 상당히 넘어갔다는 식의 소문이 돌았다. 마을에도 연맹원이 있었다. 어느 날 경찰이 마을을 뒤지니까 사람들이 나와서 산 쪽으로 뛰어올라가더라. 들어보니 잡히면 모아놓고 죽였다더라. 도청 근방 퇴촌, 그리고 성주사에 데려가서 총살했다 들었다."

퇴촌마을과 성주사에서 있었던 학살은 2000년대 중후반 정부 진실·화해를위한과거사정리위원회 활동에서 다수 증언된 바 있다.

초가집과 흙길이 어우러진 가운데 노거수 아래에 연자방아 맷돌과 오토바이가 놓여 있는
1974년 12월 당시 창원군 웅남면 연덕리 모습. ⓒ양해광 창원향토자료전시관 관장

나락모티
갈대밭의 여름,
어제처럼
눈에 선한

(5) 웅남면 연덕-나락모티의 추억

창원에서 가장 큰 하천으로 꼽히는 창원천과 남천. 창원천은 북서부 주거지역을 흐르고 남천은 남동부 공단 지대를 적신다. 두 물줄기가 합류하여 마산만으로 나가는 일대에 여러 마을이 있었다. 그중 창원군 웅남면 연덕리는 현재 법정동으로도 남아 있지 않은 마을이다. 창원국가산단 내 신성델타테크·카스윈 등 공장에 자리를 내줬다. 옛 마을 유허비만이 쓸쓸히 남아 있지만, 이곳 출신 사람들은 아직도 동향인과 만날 때마다 옛 추억 속에 빠져든다.

남천 강변 큰 동네

연덕리는 웅남면에서 나름 큰 동네 중 하나였다. 1976년 기준 1661가구 8550명이 살았다. 본동네는 똥매(독매)라고 불렸고 약 200m 떨어진 남천 변에 속구(소코)라는 작은 동네가 있었다. 창원 지역 다른 마을들이 그랬던 것처럼 대부분 농업 종사자였고 마을과 남천 사이 들판마다 논밭이었다.

소코 출신 도희주 동화작가는 "새벽이라도 비만 오면 도롱이를 쓰고 논으로 나가던 아버지가 생각난다"라고 추억했다. 들판 곳곳을 잘 보면 분뇨를 모아 짚으로 덮어 놓은 두엄구덩이가 있었는데, 조심해야 했다. 가까이에서 폴짝폴짝 뛰며 장난치던 마을 아이가 변을 당하는 일도 있었다.

남천은 농토를 비옥하게 만들었지만 가끔 재해도 안겼다. "아버

창원공단 ㈜TIC 공장 앞 보도에 있는 옛 연덕리 표지석. ©이창우

지 말씀에 1959년 사라호 태풍이 왔을 때 온 남천이 범람해 논을
덮어버렸다고 해요. 7~8월이면 나락이 꽤 굵어지는 시기인데, 전
부 모래에 파묻혀 안 보일 정도였다고…. 다른 사람들은 어떻게든
나락을 건지려고 했는데, 아버지는 새끼줄로 모래 높이를 재서 모
래 유통업자에게 팔았대요. 그 돈으로 목돈을 쥐어서 논을 더 샀다
고 하더군요.(웃음)"

　모든 주민이 농업에 종사한 것은 아니었다. 슈퍼·방앗간·이발
소 등을 운영하거나 포도 과수원을 경작하는 주민도 있었다. 이곳
은 우체국과 국민학교 소재지이기도 했다. 창원군 전체를 통틀어
도 면사무소 외에는 공공기관이 흔치 않던 시절이다.

　마을 안 웅남국민학교에는 가까운 삼동·덕정·창곡·월림리 학
생들까지 모여들었다. 남천 건너 삼동리(현 삼동공원·창원수목원 자

리) 아이들은 등교할 때 남천을 건너야 했는데, 비만 오면 결석하기 일쑤였다. 천영훈 극단 미소 대표는 "국회의원 선거 때마다 지금의 삼동교 자리에 다리를 놔 달라고 민원을 넣었는데, 매번 한 칸씩 짓는가 싶다가 흐지부지되곤 했다"라고 말했다. 사람들은 짓다가 만 다리를 '국회의원 다리'라고 불렀다. 셰플러코리아 창원1공장과 창원지식산업센터 사이에 온전한 다리가 만들어진 건 공단 조성 이후다.

멱감고 게 줍던 모래톱의 추억

지금은 창원천과 남천밖에 없지만, 당시에는 남천 아래쪽에 작은 물줄기 하나가 더 흘렀다. 남천이 지금의 삼동교를 지나면서 남쪽으로 갈라져 들어갔던 이 물줄기는 창원천·남천 합류지점에서 다시 나왔다. 사람들은 남천을 기준으로 이 작은 줄기를 '앞개', 창원천은 '뒷개'라고 했다. 현재 앞개는 ㄷ 모양의 수로로 흔적이 남았다. 앞개와 남천이 합류하는 지점에는 모래톱이 제법 넓게 형성돼 있었는데, 언제부터인지 몰라도 모두가 나락모티라고 불렀다.

일제강점기까지만 해도 이곳에는 대규모 염전이 자리 잡았다. 나락모티 인근 창곡리(현 창곡산단)·덕정리(지금의 대원동) 사람들이 운영하는 곳이었다. 1945년 9월 9일 미국 해군이 찍은 항공사진을 보면, 광복 즈음 이곳에 넓은 염전이 펼쳐진 모습을 확인할 수 있다.

천 대표가 이곳에서 놀던 1970년대 무렵에는 염전이 사라지고,

창원공단 ㈜TIC 공장 앞 보도에 있는 옛 웅남초등학교 표지석. ⓒ이창우

온통 갈대밭으로 뒤덮인다. 철새들의 쉼터였다. 그는 "그때는 덕정
을 해정이라고도 불렀는데, 별로 멀지 않아서 여름철이 되면 친구
들과 멱을 감거나 새 잡으러 다니기도 하고, 갯벌에서 게도 주우며
놀았다"라며 "당시에는 몰랐는데 염전이 있었던 곳이었고, 알고 보
니 덕정리 친구집에서 운영했다고 하더라"라고 말했다. 그 친구 동
생 이종은 씨는 "아버지께 듣기로는 5.16쿠데타 이전까지만 해도
염전이 많이 남아 있었다고 한다"라며 "저 어릴 적에는 아버지와
뒷개 쪽 나락모티에 놀러 가서 숭어잡이를 했던 기억이 있다"라고
말했다.

현재 나락모티는 죄다 매립됐다. 지금은 한화디펜스 1사업장,
HSD엔진, 한국철강 창원공장 등이 들어섰다. 당시 분위기는 좀 더
하류의 봉암갯벌에서 흔적만 찾아볼 수 있을 뿐이다. 덕정 출신 윤

도희주(왼쪽) 작가와 천영훈 대표가 연덕리에 얽힌 이야기를 나누고 있다. ⓒ강찬구

성구 씨는 2012년 8월 〈경남도민일보〉에 투고한 독자시에서 고향
생각을 담았다.

'…고향이 생각난다 고기잡이 뒷계 앞계/ 지금은 봉암 갯벌 뚱
게조차 없더라/ 잊어버린 해정 땅에 돌아가고 싶어라.'

발길 닿는 곳마다 추억

물이 가까워 좋았지만, 가끔은 겁이 없어도 너무 없었다. 천 대표
는 "남천에 비가 많이 와 흙탕물이 쏟아져 내려오면 친구들과 그곳
으로 뛰어들었다"라며 "하류 쪽으로 밀려 내려가다 창곡리 근처에
서 뭍으로 올라오는 놀이였는데, 잘못해서 마산만까지 떠내려가면
그냥 죽는 거니까 지금 생각하면 아찔하다"라고 말했다. 그러면서
"한번은 진짜 빠져 죽을 뻔했는데 살려준 친구도 있고, 아직도 만

1945년 미 해군이 촬영한 남천과 창원천 하류 모습. 사진에서 흰색 논두렁처럼 보이는 곳이 염전이다. ⓒ제주대 지리교육학과

나면 그 이야기를 한다"라고 덧붙였다.

나락모티로 놀러 가는 길 도중에도 짓궂은 장난을 부렸다. 당시 연덕리에는 작은 공장 2곳이 있었는데 각각 사슬과 종이를 만들었다. 사슬공장은 개줄(개 목줄) 공장이라고 불렸다. 천 대표는 "어중간하게 졸업해 취업을 못한 사람들이 밥벌이하던 곳이었는데, 공장 한쪽에 모아둔 불량 사슬과 폐지를 훔쳐다가 팔았던 기억도 난다"라고 말했다.

동네 곳곳마다 추억이 서리지 않은 곳이 없다. 천 대표는 언젠가 아버지가 흙담에 심어놓은 장미넝쿨 풍경을 잊지 못한다. 봉곡동으로 이주할 때 옮겨 심었을 정도로 아꼈다. 지금도 여름철 집 앞에 흐드러진 장미꽃 꿈을 꾸곤 한다. 그는 "봉곡동 이주단지 풍경은 한 번도 꿈에 나온 적 없다"며 웃었다.

'엄지 아가,/ 어머니는 어디만큼 오시나?/ 읍내 저자 다 보시고 / 신작로에 오시지….' 도희주 작가는 선배 아동문학가 고 이원수 작가의 동시에서 어린 시절 연덕리를 지나던 31번 버스를 떠올렸다.

"명절을 앞두고 어머니가 마산어시장에 장을 보러 가면, 집 마당에 그림자가 길어지기만 기다렸어요. 뭔가 간식을 사 오실 줄 알았거든요. 결국, 그림자가 채 길어지기도 전에 동생 손을 잡고 5리 떨어진 정류장에 나가서 하염없이 기다렸죠. 멀리서 흙먼지가 일 때마다 한달음에 달려가도, 그냥 지나가는 버스가 많아 어찌나 서운하던지요. 마침내 엄마가 버스에서 내리면 땅에 내려놓은 '다라이(대야)'에 뭐가 들었는지부터 살폈죠. 지금 생각하면 영화의 한 장면 같은 시절이었어요."

1976년 반송동 앞을 지나는 철길. 선로 바로 옆 초가들이 인상적이다. '기찻길 옆 오막살이'라는 노랫말이 떠오르는 모습이다. ©양해광 창원향토자료전시관 관장

새 역사에 밀려
멀어진
창원 역사의
큰 줄기

(6) 철도 진해선

창원국가산업단지가 들어서면서 옛 창원군 지역의 교통도 변화한다. 창원의 교통 하면 곧바로 떠올리게 되는 것은 장대한 창원대로와 도시 안에 바둑판처럼 깔린 도로다. 하지만 산단 조성 이전 창원 지역민의 삶에 가장 큰 비중을 차지했던 교통수단은 기차·철도였다. 철도 진해선은 일제강점기 일본이 경전선의 지선으로 계획, 병탄 초기인 1910년 측량을 시작해 여러 부침 끝에 1926년 11월 11일 완공됐다. 총길이 22.7km에 창원~상남~성주사~경화~진해 역을 두었다. 군항을 비롯한 진해항과 철도를 이어 대륙 침략의 발판을 마련하는 것이 주목적이었다. 철도는 창원군 사람들 삶에도 스며들었다. 기차는 당시로서는 가장 빠른 교통수단이었고, 해방 후에도 오래도록 합리적인 교통수단으로 이용됐다. 지금 통합 창원시가 된 마산·창원·진해지역이 예부터 연결된 생활권을 둘 수 있게 된 한 축이 진해선이다.

50여 년간 지역민들과 함께했던 기존 진해선은 산단 건설과 함께 이설된다. 현재 진해선은 창원~신창원~남창원~성주사~경화~진해~통해 7개 역을 거느리고 있다. 1978년 이설 공사에 들어가 1981년 현재의 선로가 됐다. 신창원역은 1961년 신설된 용원역의 새 이름이고 남창원역은 옛 상남역에 붙여진 새 이름이다.

진해선은 이후 갈수록 여객이 줄어 현재는 대중교통으로서 기능을 잃었다. 10여 년 전만 해도 정기적인 여객 열차 편성이 있었으

1978년 창원역 앞 모습. 당시 창원에서 가장 번화한 곳이었다. 창원산단을 지나는 진해선 역 중에선 상남역 주변이 가장 번화했다. ⓒ양해광 창원향토자료전시관 관장

나, 현재 운영을 접었다. 한때 진해군항제 손님들을 위한 임시 편성
이 있었지만 지금은 그마저도 없다. 물론 현재도 진해 해군기지의
군수 담당, 화물열차 운송 역할은 여전하다. 해군 진해기지사령부
안에 마지막 통해역(1961년 설치)이 있는 이유다. 그리고 철로는 통
해역을 지나 바닷가 군항으로 이어진다.

사람 모여든 '핫 스팟'

'역세권'은 현재도 주거 환경에서 중요한 요소로 꼽힌다.
1970년대까지는 진해선도 마찬가지였다. 대다수가 농사를 짓던
창원군에서도 역 주변은 상업과 서비스업이 자라났다. 옛 성주사

윤재필 시인이 상남역 주변에 번화했던 거리 풍경을 말하고 있다. ⓒ강찬구

역 근방은 역이 들어섬으로써 마을이 형성된 사례다.

서익진 경남대학교 경제학과 교수는 당시 상남면 천선리 성주마을에서 살았다. 서 교수는 당시 성주마을 풍경을 말했다. "파출소도 있고 술도가, 성주초등학교도 있는 나름 번화한 곳이었어요. 성주동뿐만 아니라 불모산, 대방 쪽까지는 성주초등학교 주변을 중심으로 돌아갔지요. 가음정부터는 상남역을 중심으로 돌아갔고, 그렇게 상남면이 나뉘어 있었죠."

창원문화원 부원장을 지낸 윤재필 시인은 상남역 주변 풍경을 회상했다. "상남역이 있는 곳은 면 소재지라 붐볐습니다. 역 남쪽으로 우체국·파출소·양복집·가구점에다 상남초등학교도 있었고,

서익진 경남대 교수가 성주사역 일대의 기억을 풀어내고 있다. ©강찬구

상남극장이라고 극장도 있는 곳이었지요. 홍등가도 있었던 기억입니다."

도희주 동화작가의 기억은 마을이 철도역을 중심으로 이뤄졌음을 짐작게 한다. "이모 신혼 댁이 역 근처라 가곤 했는데, 일본식 가옥이 모여 있더라고요."

노동과 배움이 흐른 동맥

원주민들에게 철로는 도회지로 가는 길이었다. 창원군 일대와 달리 옛 마산과 진해는 일찌감치 시가지를 이뤘다. 마산·진해로 등교나 출근해야 하는 창원군 사람들 다수가 기차를 이용했다. 창원

진해군항제를 보러 온 사람들이 기차에서 내리고 있다. 1992년 촬영. ⓒ양해광 창원향토자 료전시관 관장

1999년에 촬영된 남창원역 모습. ©양해광 창원향토자료전시관 관장

이 도시를 이루기 전 고등학교에 다닌 사람들은 철도에 관련된 기억이 많다.

용지마을 출신으로 창원시의원을 지낸 김중화 씨의 10대 시절에는 창원에 고등학교가 없었다. "당시 마산·진해에만 고등학교가 있었는데, 전 마산상고로 진학했어요. 버스도 있었지만 기차를 탔다고. 버스는 언제 도착할지도 모르지만 기차는 때맞춰 오고 서니까. 상남역에서 타서 구 마산역에 내려서 통학했지. 마산이고 진해고 가려면 기차를 많이 탔습니다."

사파동서 지내온 이기찬 씨도 고교 시절 마산으로 향했다. "버스비가 그때는 비쌌어요. 기차가 더 싸서 기차를 탔습니다."

어른들은 기차로 밥벌이를 나갔다. 윤재필 시인은 이렇게 회상

1977년 봉암갯벌 모습. ©양해광 창원향토자료전시관 관장

했다. "진해선은 진해군항 군사시설로 주로 갔어요. 그 기능이 제일 컸죠. 상남역에서는 진해 해군공창으로 출퇴근하는 사람이 많이 타고 내리는 걸 봤습니다."

도희주 작가는 유년기 외할머니 모습을 기억한다. "농사 짓는 사람들은 장날에 채소 같은 것을 팔러 나가는데, 외할머니는 진해까지 갔어요. 미나리·깻잎·콩잎…. 경화장이 서면 경화역까지 기차를 타고 가시던 기억이 나네요."

만화 속 옛날이야기 같은 추억

옛 창원은 원주민들에게 '허허벌판'이라는 과장 섞인 표현으로 기억되곤 하는 농촌이었다. 철길은 논밭 사이를 지나다녔고, 사람들은 주변에서 살고 뛰어놀았다. 아연한 경험도 더러 있었지만, 돌이켜보면 모두 아련한 추억이다.

도희주 작가는 '목숨이 경각에 달렸던 일'을 떠올렸다. "하굣길에 상남시장 지나서 불곡사 근처에 기찻길과 걷는 길이 교차하는 곳이 있었는데, 요새 같이 차단기가 없었어요. 어느 날 친구랑 가다가 아는 분 트럭을 만나서 얻어 타게 됐는데, 트럭이 기찻길을 지나갈 때 기차가 달려와 가까스로 비켜 간 적이 있어요. 순간 뛰어내리려는데 기차가 '슈웅' 하고 트럭 뒤를 지나갔지요."

도 작가는 기억을 이어 나갔다. "차단기가 없으니까 이런 모습도 있었어요. 옛날에 애향반이란 게 동네마다 있었는데, 애향반장이 대나무에 마을 이름이 쓰인 깃발을 달고 이끌면 학생들이 줄을 서서 따라갔지요. 철도를 지날 때 기차가 들어오면 애향반장이 깃발로 줄 중간을 끊어서 멈추게 하고 기차가 지나가면 건너게 했는데, 차단기 역할을 대신했던 것이죠. 또 이것저것 다 없던 때니까, 친구들 이야기 들어보면 재미있어요. 시계가 없으니까 열차가 올 때쯤 되면 철길에 귀를 댔다는 거예요. 진동이 느껴지면 기차가 온다는 걸 알 수 있다고….”

이기찬 씨도 진풍경을 기억했다. “놀 게 없던 시절인데, 그때도 진해 군항제는 볼거리였다고. 벚꽃장이라 불렀는데, 손님이 많으니까 열차 편성을 엄청나게 길게 했어요. 아이고, 그렇게 해가지고 진해로 간다고 성주사 골짜기를 넘어가는데, 오르막이니까 기차가 잘 가질 못하는 거죠….”

삼동마을(성산구 삼동동 창원수목원 일대)에 살았던 명희찬 씨도 철길을 놀이터 삼던 추억이 있다. “밤에 철길에 앉아 있으면 동네 형들이 ‘꼬시락(망둥어의 지역 말) 잡으러 가자!’ 했거든. 그러면 집에 들어가 이불에서 솜을 떼다가 기름에 담가 횃불을 만들어서 봉암다리 밑으로 갔어요. 거기 꼬시락이 많았죠. 잡으면 철길에 가서 마늘·고추 썰어서 같이 먹고 그랬습니다. 철길 주변에 모기가 없어서 앉아 있기 좋았거든요. 그러다 보니 철길에 누워서 자다가 죽은 사람도 있었던 기억이에요. 옛날에는 칼이 귀했는데, 쇠붙이를 선로에 올려놓고 찾으러 오면 칼을 만들 수가 있었어요. 기차가 눌러놓았으니까 그걸 갈면 칼이 되는 거지….”

창원시청 앞으로 옛 진해선 철길이 지나가고 있다. 1980년에 촬영됐다. ⓒ양해광 창원향토
자료전시관 관장

1984년 2월 기지대로 확장공사가 진행되는 모습.
ⓒ양해광 창원향토자료전시관 관장

국가가
원주민 상처에
포개 얹은
'산업 대동맥'

(7) 창원대로에 얽힌 이야기

평화롭게 살던 농민들의 땅에 어느 순간 표시목이 박혔다. 처음에는 논밭이었고 그 다음에는 집이었다. 마을 사람들을 그러모아 관청에서 대거리를 해도 부질없었다. 며칠 갇혀 있다 보면 버틸 재간 없이 수용동의서에 도장을 찍었다. 말뚝이 박힌 곳마다 어김없이 중장비가 들이닥쳤다. 대대로 부쳐 먹던 논마지기든 선조가 잠든 선영(先塋)이든 가리지 않았다. 농민들이 잃은 땅은 삶 그 자체였다. 이들이 고향을 등지고 이주단지로 떠나면서 겪은 고통은 눈부신 도시 발전의 그림자로 남았다.

"딱 우리 집 복판에 말뚝을 박더니…. 왜 그러는지 자세히 가르쳐주지도 않아요. 너희는 알 필요 없다고…. 제일 좋은 논도 평당 1300원, 밭은 200~300원. 그냥 강제수용이에요." 삼동리 출신 명희찬 씨가 기억하는 고등학교 2학년 늦봄의 기억이다.

1974년 정부는 두대동·덕정동·삼동동·반송동·연덕동·용지동·목동·토월동·외동·정동·가음정동·남산동 전역과 서상동 외 27개 동 일부 지역을 산업기지개발구역으로 지정·고시했다. 창원종합기계공업기지(현 창원국가산단) 조성을 위한 행정 지원 편의 차원에서 창원군이 마산시로 편입된 이듬해였다. 정부는 고시가 떨어지자마자 가장 먼저 도로 건설에 착수했다. 일단 자재 수송 차량이 드나들 길이 필요했고 궁극적인 목표는 배후도시와 공단지역을 가로지를 '기지대로'(현 창원대로)를 만드는 일이었다.

1978년 9월 웅남동 원주민들이 철거 인력들에게 저항하고 있다. ⓒ양해광 창원향토자료전시관 관장

　기지대로는 공단도시 창원의 젖줄인 동시에 원주민들의 삶을 가르는 낮이었다. 도로 조성을 위해 사화마을(운암서원 인근), 평산마을(당시 39사단 왼쪽), 죽전마을(현 팔룡동 제9 탄약창 인근), 삼동마을(지금의 삼동공원), 목리(현 LG전자 창원2공장), 가음정리 본동(기업사랑공원 맞은편 주택단지) 등 여러 마을 논밭과 일부 집터를 수용해야 했다. 이 지역 중 삼동마을, 가음정리 등 일부 마을은 공단 조성 초기인 1970년대 초반에 논밭이 먼저 수용됐고, 마을은 1990년대 이후에

삼동마을 앞 왕복 4차로 기지대로에 차량이 지나가고 있다. ©양해광 창원향토자료전시관 관장

1982년 창원대로에 구호가 적힌 아치가 서 있다. ⓒ양해광 창원향토자료전시관 관장

철거됐다. 동네는 그대로인데 생계 수단만 빼앗긴 셈이다. 가음정리 출신 강장순 씨는 "농경 생활만 하다 갑자기 환경이 바뀌자 어른들은 그야말로 공황상태에 빠졌다"라고 회상했다.

땅을 생명으로 알던 사람들

원주민들의 반발은 당연했다. 명 씨는 "'논밭을 앗아가면 우린 뭐 먹고 사노' 부모님들이 읊조리는 모습을 보고 혈기 왕성한 자식들은 '못 나간다' 외치며 시위했다"라고 말했다. 시위는 오래가지 못했다. 많아 봐야 10명쯤 되는 젊은이들이었고 경찰에 끌려가 며칠 밥을 굶기니 자연히 움츠러들었다. 그는 "옆방에서는 사람 신

1974년 가음정동 주변에서 창원대로 공사가 진행되고 있다. ⓒ양해광 창원향토자료전시관 관장

음을 녹음한 테이프를 틀어두면서 겁을 주더라"라며 "앞으로 시위 안 하겠다고 다짐하고 나올 수밖에 없었다"라고 말했다.

　다른 마을도 상황은 비슷했다. 웅남면사무소 소재지 창곡마을은 전체 1200가구 정도 됐는데 시위가 격렬한 편이었다. 마을 사람들은 매일 북이나 꽹과리를 치며 광장에 나왔다. 이들도 모두 경찰서 유치장에 갇히는 신세였다. 이곳 출신 이성주 씨 논밭 역시 도로 터에 걸쳤다. 그는 "당시 시위 주도자가 직접 현장에 나오지 않다 보니 행동대원들만 잡혀갔다"라며 "부모들은 주도자에게 몰려가 '큰소리만 치지 말고 어떻게든 내 자식을 꺼내와라'고 항의했었다"라고 떠올렸다. 그러면서 "결국 주도자가 경찰에게 '절대 시위하지 않겠다'는 합의서를 쓰고 나서야 풀려나왔다"라고 덧붙였다. 강장순 씨는 "어차피 당시 산업기지개발촉진법상으로는 국가가 수용하고자 하면 저항하기 어렵다"라며 "게다가 주거지를 철거하려면 사람부터 빼내야 하지만, 논밭은 그냥 밀면 끝"이라고 말했다.

당시 창원면사무소에 근무하던 최삼도 씨는 팔룡동에 도로가 깔리기 시작하던 때를 회상했다. "원주민들에게는 땅이 생명이니까 평산·죽전·사화 마을 사람들이 매일 공사장에 와서 시위했다"라며 "불도저 앞을 몸으로 가로막거나 똥오줌을 뿌리는 일은 예사"라고 말했다. 그러면서 "지시받으면 출근하자마자 시위 막으러 가서 점심도 거르고 했다"라며 "사정사정해도 물러서지 않으면 경찰을 부를 수밖에 없었고 당시에는 신경쇠약에 걸릴 정도였다"라고 덧붙였다.

정작 최 씨도 1955년 39사단(현 창원유니시티)이 경기도 포천에서 옮겨올 때 토지수용을 당한 피해자다. 그 자신이 항의하다 보안대에 끌려간 적이 있었음에도 창원공단 조성 당시에는 주민들을 설득해야 하는 처지에 놓인 것이다.

국가시책이라니 물러나

"여기 어디 차가 다니노? 이 도둑놈들아! 운동장같이 만들어서 뭐 할라 그라노!" 당시 원주민들이 시위를 막으러 나온 공무원들에게 자주 외치던 이야기였다.

기지대로는 1977년에 왕복 2차로 형태로 임시 개통했는데 10년 동안 차츰 폭을 넓혀 왕복 8차로가 됐다. 지금은 창원의 자랑이지만 당시에는 차량 통행이 잦지 않았다. 도로 옆 보도블록에도 풀만 무성했다. 원주민들이 자꾸만 도로를 확장하려는 시도를 이해하기 어려웠던 까닭이다.

당시 경상남도 창원출장소에 근무했던 이광수 소설가는 "당시 공무원들은 '여기 방산업체가 많이 들어오기 때문에 나중에 전쟁 터지면 비행기 활주로로 쓸 것'이라고 주민들을 달랬다"라며 "그 말을 듣고 국가시책이라면 어쩔 수 없다며 물러서는 사람들도 꽤 있었다"라고 회상했다. 이 이야기는 창원시 원주민들이 공통으로 떠올리는 기억이다. 나랏일에 방해가 되면 안 된다는 순박한 생각이었고, 공장이 들어서면 일자리가 많이 생길 거라는 희망도 있었다.

공무원들이 으레 핑곗거리로 꺼냈던 활주로 계획은 실제로 존재했다. 윤재필 시인은 "1976년 1월 창원시 도시계획·실시설계를 맡았던 대지종합기술공사 직원으로 처음 창원에 왔다"라며 "당시 내부적으로는 기지대로를 활주로로 활용하겠다는 계획도 세우고 있었다"라고 증언했다. 윤 씨는 "무기 생산 공장을 유치하려니 유사시에 비행기가 뜨고 내릴 필요가 있었던 것"이라며 "당시 왕복 8차로면 한국에서 가장 넓은 도로였기 때문에 최적의 조건이었다"라고 설명했다. 39사단 뒤 사화비행장, 김해공항 등 대안이 있자 활주로 이용 계획은 취소됐고 이후에는 이곳에 지하도로가 생겼다.

1974년 창원대로 모습. ⓒ양해광 창원향토자료전시관 관장

버스가 겨우 다니는 좁은 신작로만 알던 원주민들에게 끝도 없이 뻗은 기지대로 모습은 생소했다. 천영훈 극단 미소 대표는 "동정동 창원중학교에서 오전 수업을 끝냈는데 버스비로 빵을 사 먹어 버리곤 창원역부터 무작정 대로를 걸었다"라며 "직선 길이니까 연덕동 집까지 얼마 안 걸릴 줄 알았는데 중학생 걸음으로 집에 도착하니 벌써 어둑어둑하더라"라고 회상했다.

1978년 웅남동 목리 마을 철거 모습.
©양해광 창원향토자료전시관 관장

문전옥답
헐값에 앗아 만든
첨단산업의 땅

(8) 제2단지 조성과 연덕동 일대 수용

창원군 한복판에 창원대로를 낸 정부는 곧이어 대로 남쪽으로 공장이 들어설 용지를 만들기 시작했다. 1973년 12월 제1단지를 시작으로, 제2단지·적현단지·삼동단지·성주단지·차룡단지 등 현재 산단 구역 대부분이 1970년대에 첫 삽을 떴다. 가장 넓은 1·2단지는 이 가운데서도 초기에 조성을 시작했다. 창원대로에 바로 붙여 제1단지를 두었고, 그 아래에 흐르는 남천 너머로 다시 2단지를 두기로 했다.

양지바른 땅 싹 밀고 닦은 공장 터

제2단지는 산업기지개발공사(현 한국수자원공사)가 조성을 맡았다. 수자원공사가 발간한 〈창원국가산업단지개발사〉를 보면 1977년 3월과 5월에 완암지구(90만 2388㎡)·안민지구(61만 8249㎡) 조성을 시작했고, 12월에는 나머지 407만 3000㎡ 면적에 대한 작업에 들어갔다. 완암·안민지구는 1982년 12월에, 나머지는 1998년 10월에 완공됐다.

원주민 단체 삼원회의 박흥실 이사장은 이렇게 전했다. "초기 이주 대상자들은 사실상 강제수용을 당한 거지요. 평당 몇백 원 보상이 다였지만 저항이라 할 것도 없었고, 대개 '나라가 하는 일인데 따라야 한다' 여겼습니다."

서익진 경남대 교수도 당시를 설명했다. "정부는 초창기 수용당

1994년 4월 제2단지 완암지구의 한 마을 주민들이 강제철거에 반대하는 시위를 하고 있다. 이때는 수용 초창기와 달리 원주민들도 저항에 나섰다. 완암지구는 1977년 조성이 시작됐다. ⓒ양해광 창원향토자료전시관 관장

한 사람들에게 '공시지가 보상'을 했거든요. 지금도 시세와 공시지가는 차이가 큰데 그야말로 형편없는 가격이 매겨진 것이지요. 게다가 초기 수용된 땅들은 기름진 옥답이 많았어요. 농사짓기 좋은 땅일수록 헐값에 넘어간 셈입니다. 1980년대부터는 시세에 맞춰 보상하기 시작했고 창원 땅값도 계속 올랐거든요. 그래서 오히려 외곽이나 높은 지대라 우선순위가 못 돼 수용이 늦어진 땅은 보상을 많이 받는 아이러니가 생기게 됐습니다."

수용된 토지는 종류·위치 등에 따라 책정가가 달랐기에 비슷한 시기의 기억이라도 적게는 평(약 3.3㎡)당 몇백 원에서 많게는 몇천 원까지 말하는 이마다 차이가 있다. 〈창원국가산업단지개발사〉에

1982년의 완암 언덕 일대. 새로 지은 고층 아파트와 빌딩들이 슬레이트 지붕을 한 원주민 가옥과 대조를 이룬다. ⓒ양해광 창원향토자료전시관 관장

는 평당 △밭 700~800원 △논 305~6500원 △임야 최고 1600원 등으로 돼 있다. 통계청 소비자물가지수를 보면 1973년 화폐가치는 지금의 약 17분의 1 수준으로, 당시로는 꽤 괜찮은 보상가였던 평당 5000원을 지금 가치로 환산해보면 8만 5000원 정도가 된다. 마당 있는 집 100평을 가정하면 보상가는 850만 원 정도로, 지금의 부동산 시세와 비교하면 크게 적다.

'지금'이 앗아간 '그때'의 풍요

연덕동은 당시 웅남면의 일부로 제2단지 안에 들어가게 됐다. 연덕동 속구(소코)에 살았던 도희주 동화작가는 유년기 연덕동을 풍족한 곳으로 기억한다. "우리 집은 꽤 넓었지요. 위채엔 방 2칸과 부엌이 있었고 장독대 옆엔 염소우리가 있었습니다. 뒤뜰엔 대나무밭이, 아래채는 외양간도 있었죠. 안마당엔 쌀을 재어두려고 함석판을 둘러서 만든 쌀광이 있었어요. 바깥마당에 30평 정도 텃밭이 있어 갖은 채소를 가꿔 먹고 돼지를 몇 마리 키웠습니다. 논은

1974년 촬영된 철거된 웅남동 모습. ⓒ양해광 창원향토자료전시관 관장

상당히 넓어서 모내기 철엔 며칠 동안 동네 사람들의 품앗이가 이어지곤 했어요. 밭도 세 곳 있었고요."

그러나 토지 수용과 원주민 이주는 도 작가와 가족의 '운명'을 바꿨다. 농사짓던 사람들이 논밭만 내주고 재산만 잃었을까. 도 작가는 부모님 이야기를 털어놨다. "농사꾼이던 아버지는 대원동으로 이사 가고 나서도 한동안 언덕 남은 땅에서 배추를 키워 리어카에 싣고 왔어요. 그러던 어느 날 교통사고로 크게 다치셨고, 가세가 기울었습니다."

천영훈 극단 미소 대표는 가족뿐 아니라 땅을 잃은 다른 사람들

도 기억했다. "농지 잃고 어머니는 청소하러 다니고 아버지도 날품 팔이로 살게 됐어요. 저도 인문계 고등학교에 가고 싶었지만 어서 돈을 벌어야 한다는 생각에 공고로 진학하게 됐죠. 가고 싶지 않은 곳에 갔으니 학교생활도 좋지 않았습니다. 또, 동네 젊은 사람들이 많이 거칠어졌다고 느꼈어요. 그때가 1977년부터 1980년 사이쯤 이었지 싶어요. 거의 저학력이었고 짓던 농사 그만두고 할 수 있는 것이 막노동밖에 없었거든요. 술 마시고 공장 들어서고 일하러 온 사람들과 밤마다 주먹질하는 주민들도 있었어요. 주변에 전과자도 꽤 생겼습니다."

1986년 웅남동 완암·연덕지구 모습. ©양해광 창원향토자료전시관 관장

한몫 잡기는커녕 살 곳도 마땅찮아

"연덕동에서 1차 이주 대상은 대원동에 택지를 받았고, 2차 대상은 지귀동으로 갔다고 알고 있어요. 땅만 받고 집은 알아서 지어야 했는데, 원주민 대부분이 그러지 못했습니다. 우리는 대원동에 방 2칸짜리 집을 지었는데, 연덕동 논밭과 집 모두를 주고받은 보상액으로도 모자라 빚을 졌지요. 그것도 힘든 사람들은 산골짜기로 떠날 수밖에 없었어요."

도희주 작가의 가족은 다행히도 집을 올렸지만 이후에도 산업단지 개발은 다시 한번 보금자리를 뒤흔들었다. "집안 사정으로 사파

동으로 이사를 하였는데 거기가 또 개발 구역이 된 거죠. 게다가 알
고 보니 그 집은 전 주인이 양계장을 용도 변경한 것이라, 먼저 보
상해준 금액의 50%밖에 안 주도록 법에 돼 있다는 거예요. 수긍할
수 없었던 아버지가 필사적으로 버텼는데, 어느 날 굴착기로 우리
집만 남겨놓고 주변을 다 파버리더군요. 집과 옆에 선 전봇대가 마
을에 섬처럼 덩그러니 놓였어요. 그때 기억으로 '전봇대섬'이라는
수필을 썼지요."

봉곡동 주민 이강원 씨는 제2단지 터 원주민들이 이주해 오던 때
를 전해주었다. "이쪽에 원주민이 많이 왔어요. 내동 쪽에 먼저 왔

1994년 웅남동 완암지구 주민들이 강제철거에 저항하고 있다. ©양해광 창원향토자료전시관 관장

는데, 남지·웅남·목리·정리 사람들도 오고. 봉곡중학교 앞에는 천선동 사람들이 왔지. 우체국, 소방대 있던 쪽에 안민·연덕서 온 사람들이 집을 잡았는데, 땅이 한 50㎝ 정도 낮아서 비가 오면 연탄이 젖고 난리가 났죠. 이주해 온 사람들은 땅만 받았습니다. 받은 택지는 경계선도 제대로 없어서, 집을 올려놓고 보니 받은 택지와 위치가 다른 경우도 있었지요. 전기도 다 들어오지 않아서 있는 집에서 끌어다 쓰는 사람이 많았고…. 자기 돈으로 집을 지어야 하다 보니 어떤 사람들은 몇 년 동안 벽돌을 한 장씩 쌓아서 짓기도 하데요.”

천영훈 대표의 가족은 연덕동 집터가 철거되고 난 1986년에서야 일찍이 택지를 받아두었던 봉곡동으로 이사했다. "이주하면서 사람 간에 등지는 일이 많았습니다. 눈치 빠른 사람들은 철거할 때도 동의서 대신 받으러 다니고, 이주 택지에 가서는 건설업자와 짬짜미해서 멋모르는 이주민들에게 집 지어 주겠다며 중간에서 이문을 봤지요. 나중에 보니 다른 사람들은 부지 하나 받아 건사하기도 힘든데, 상가를 올리더군요."

1977년 7월 웅남면 귀현리 마을 사람들이 불도저 앞에 뛰어들어 흙을 던지며 저항하고 있다. 아이를 업고 나온 고영조 시인의 고모(흰옷)도 보인다. ⓒ양해광 창원향토자료전시관 관장

포도송이 영글던 곳
붉은 황톳길만
남기고

(9) 귀곡·귀현리 산업기지개발구역 편입사

트랙터의 삽날이 집 모퉁이를 스치자 벽 한쪽이 무너지며 오두막은 기
초부터 흔들렸다. 집은 비스듬히 기울어졌다가 빈대처럼 짜부라졌다.

－존 스타인벡 〈분노의 포도〉 중

　1940년 퓰리처상을 받은 존 스타인벡의 역작 〈분노의 포도〉는
1930년대 미국 금융자본들이 대규모 농장사업을 벌이는 과정에서
고향을 잃은 농부 가족 이야기를 그린다. '자본'을 상징하는 은행
은 담보로 잡은 주인공의 땅을 빼앗았고 '산업화'를 상징하는 '트
랙터'는 그의 농장과 집을 밀어버린다. 귀현리 출신 고영조 시인은
"이주노동자 '조드' 일가가 겪었던 일들과 창원지역 원주민들이
겪은 고통은 무섭도록 닮았다"라고 말했다.

도둑처럼 찾아온 개발 소식

　기계공단을 건설한다고 온 창원이 떠들썩하기 시작할 무렵에
도 귀현·귀곡리는 평화로웠다. 정부가 1974년 고시한 산업기지
개발구역 1311만 4000여 평에 속하지 않아서다. 공유 수면을 메
워 현대양행 공장을 짓는다는 소문은 있었어도 자신의 터를 빼앗
길 거라고는 상상하지 못했다. 하지만, 정부는 1976년 산업기지개
발구역 면적을 1416만 평으로 넓혔다. 귀현·귀곡리 일대 사업 실
시계획 면적은 이때부터 1978년까지 해마다 43만 9151평, 98만

정부는 1976년 건설부 고시 제218호를 내고 창원종합기계공업기지 명칭을 창원공업기지로 바꾸는 동시에, 그 면적도 1311만 4000평에서 1416만 평으로 넓혔다. ©토지E음 고시정보

1990평, 130만 68평으로 계속 넓어졌다.

귀곡 출신 고경수 씨는 "당시 바다를 메우는 비용은 평당 1만 5000원이 넘었는데 토지보상가는 4000~5000원 정도였다니 경제적으로 보면 육지를 수용하는 편이 효율적이었을 것"이라고 말했다.

현대그룹 뒷배를 봐주던 차지철 청와대 경호실장이 '원하는 대로 해줄 테니 줄만 그어보라'고 했다는 소문도 돌았다.

고익수 씨는 "처음에는 우리 집 포도밭 밑쪽만 개발한다고 했었

1977년 매립이 진행 중인 삼귀동 해안 모습. ⓒ양해광 창원향토자료전시관 관장

1978년 찍힌 삼귀동 해안 매립 공사 현장. ⓒ양해광 창원향토자료전시관 관장

는데, 그때만 해도 부둣가 몇 가구 외에는 관심을 크게 두지 않았다"라며 "우리 밭에 누군가 와서 '용케 피했다', '나중에 큰돈 벌겠다'는 이야기를 했다고 아버지께 들은 일도 있다"라고 회상했다.

고시가 떨어지고, 개발 경계선이 마을 위쪽으로 올라올 때마다 이장들이 바빠졌다. 자기 땅이 개발사업 터에 포함된 사람들은 웅남국민학교에 모여 앞날을 의논했다. 고향을 지켜야 한다는 의견, 포기하고 땅을 팔아야 한다는 의견이 엇갈렸다. 시간이 흐를수록 떠나겠다는 사람이 많아졌다. 위임장에 도장을 찍고 소유권 이전을 끝내야 보상금을 찾을 수 있었는데, 사람들은 치솟기 시작하던 부동산 가격에 조바심을 냈다.

김창근 씨는 "마산 땅값이 하루에도 평당 1000원씩 올라간다는 이야기가 들리니까, 사람들이 매일 '니는 얼마 줬노' 묻고 다녔다"라며 "지금 생각하면 개발 면적을 조금씩 넓혀갔던 일이나, 빨리 안 팔면 손해 볼 것 같은 분위기를 만든 일들이 주민 사이를 갈라놓으려는 작전이었다 싶다"라고 말했다.

'뿌리뽑힘'의 기억

그해 봄날 뱃길 끊기고 / 무성하던 회나무 / 공장부지로 뽑혀질 때 / 새순 피우던 포도밭과 함께 / 꿈마저 뽑혀지고 / 마침내 우리도 뽑혀졌다.

-고영조 '귀현리' 중

고영조 시인은 1976년 동남산업단지관리공단(1974년 설립) 월간지 편집장으로 취직했다. 그는 고향 귀현리의 마지막 모습을 눈에 담아야겠다는 마음으로 고향 곳곳을 살폈다. 그때의 쓰라린 기억을 고스란히 자신의 시에 녹였다.

고 시인은 "초가집들은 힘이 없으니까 불도저가 밀어버리면 금세 붉은 바퀴 자국만 남았는데, 내게는 그 모습이 꼭 우리 영혼이 흘린 피 같았다"라고 말했다. 그러면서 "당시 우리 고모는 막내 사촌을 업고 불도저에 뛰어들었고, 또 어떤 사람은 운전수에게 똥물을 뿌렸다"라며 "지금 같았으면, 화염병이라도 던졌겠지만 그 당시 할 수 있는 저항의 전부였었다"라고 말했다. 또한 "그 저항은 어떤

삼귀 지역에 들어선 한국중공업의 1984년 모습. ©양해광 창원향토자료전시관 관장

이념에 기반을 두지 않은, 뿌리 뽑힌 삶을 향한 근본적인 분노에서 비롯된 것"이라고 말했다.

고익수 · 경수 · 미애 씨 가족은 다른 마을 사람들이 모두 땅을 팔고 떠난 뒤에도 한동안 귀곡리에 남았다. 부친 고 고종효 씨가 지켜오던 장로교회 부지 보상 문제가 원활히 진행되지 않아서다. 창원출장소 측은 이주단지에 종교 부지 보상터를 마련해주는 일을 망설였다. 그 짧은 사이에도 많은 일을 겪었다.

익수 씨는 "현대양행에서 공장을 짓는다니까 전국에서 노가다꾼들이 모여들었는데 저녁때만 되면 고추장 단지들을 훔쳐 갔다"라며 "휑하니 우리 집만 남아 있으니 누가 알려줄 사람도, 하소연할 곳도 없는 외로운 처지였다"라고 말했다.

귀곡리 사람 중에도 공장 터에서 막일하는 사람이 적지 않았다. 익수 씨는 "이 사람들이 우리 포도밭에 찾아와 작업하려고 올라오면 대거리를 하기도 하고, 뒷동산 밭에 불도저가 올라오면 운전수 뺨을 올려붙이기도 했다"라고 말했다. 그럴 때면 시동도 켜두고 도망가곤 했다는 것이다. 이주단지에 교회 터를 받고 난 1978년 6월 28일, 마지막까지 남았던 귀곡 사람들도 정든 고향을 등졌다.

빈 무덤에 술 뿌리고, 합포만에 재 뿌리고

살아야지! 살아가야지! / 아버지는 한 잔의 절망을 빈 무덤에 흩뿌리며 / 아부지 아부지 부르짖을 때 / 지나온 길 홀연 어둡고 / 부르는 소리는 흐린 안개가 되어 / 빈 들판의 살 냄새를 적셨다.

-고영조 '귀현리' 중

떠난 사람들이 내놓아야 했던 것은 논밭과 집 같은 유형적 자산뿐 아니었다. 몇백 년간 지켜온 선조들의 안식처, 앞으로 자신들도 묻히리라 믿어 의심치 않았던 선영(先塋)도 그 대상이었다. 그중 적당한 이장 처를 찾지 못 한 사람들은 눈물 속에 다시 한번 조상을 장사지냈다. 당시 고향을 잃은 창원 출신 원주민 상당수가 이 같은 아픔을 겪었다.

"지금 두산에너빌리티 사옥 자리 산줄기가 우리 집안 선영이 있었던 곳이었죠. 그 많은 묘를 이장할 수 없으니 한 분씩 모셔 올렸어요. 묏자리마다 연대를 따져보니 거의 임진왜란 직후까지 거슬러 올라가더라고. 그때부터 이곳에 뿌리를 내리고 살았던 거지. 제일 큰 어른부터 '제 몇 대 종2품 가선대부 누구누구' 하며 품계를 부르고, '이곳이 공업단지가 된답니다', '조상님들을 이곳에 계속 모시지 못해 죄가 큽니다', '꼭 다시 돌아오겠습니다' 하고 화장했습니다. 그 재는 합포만에 뿌렸지요. 그 당시 사람들에게는 집을 파헤치는 것과 비교할 수 없는 영혼의 상실 아니었겠습니까."

고 시인은 "농업 사회에서 산업 사회로 가는 결정적 순간을 가장 압축적으로 상징하는 곳이 바로 창원"이라며 "그 과정에서 희생한 사람들의 이야기까지 알아야 창원이라는 도시의 현재를 제대로 바라볼 수 있을 것"이라고 말했다.

1974년 중앙동 이주택지 모습. ⓒ양해광 창원향토자료전시관 관장

바둑판 구획에
끼워 넣은
원주민의 삶

(10) 이주 택지로 간 원주민들

창원군은 '토박이'의 땅이었다. 일제강점기와 1960~1970년대 산업화를 거치면서도 산업단지가 들어서기 전까지 쭈욱 농촌으로 남아 있었고, 많은 자연마을이 집성촌을 이루고 있었다. 하지만 산단 조성으로 보금자리와 농토를 잃었으니 창원에 남으려면 삶의 방식과 호구지책을 모두 바꾸어야 했다. 상당수는 이전까지 유일한 생계 수단이었던 농업을 대체할만한 것을 쉬이 찾지 못했다. 그래서 많은 원주민이 "날품팔이로 연명했다"고 표현하는 당시의 사정처럼 일용직 육체노동으로 생업을 이어갔다.

물론 이주 대상이 된 경상남도 창원지구출장소 관할 지역 112.38㎢ 내 원주민 8500여 명의 처지를 하나로 이야기하긴 힘들다. 토지 수용 시기에 따라 보상액이 달랐고, 보상액을 낮게 쳐 주던 시기였더라도 기존 재산 정도에 따라 보상 이후 남는 재산이 달랐기 때문이다.

산단은 제1단지부터 차룡단지까지 20년 넘는 오랜 기간에 걸쳐 구획을 나눠 조성됐기에 가지고 있던 집과 논밭이 각기 다른 시기에 수용되는 경우도 많았다. 가음정동의 강장순 전 창원시의원은 "이 쪽은 창원대로가 만들어질 때 일찌감치 수용됐지만 남단의 논밭만 일찍 건네줬고 사람들이 살던 마을은 한참 뒤에 철거됐다"고 말했다.

실제 가음정의 경우 주민들의 이주는 1999년에야 추진돼

삼원회 박흥실 이사장. ©강찬구　　　　　삼원회 이시우 사무국장. ©강찬구

2010년에 완료됐다. 이런 상황 속에서 원주민들은 보상가와 시기, 주택과 농지의 수용 시기, 기존 자산의 수준 정도에 따라 천차만별로 다른 상황에 놓이게 된다.

　게다가 여기에 속하지 못 한 사람들도 있었다. 수용과 보상은 어디까지나 '토지'에 해당하는 것이었기 때문이다. 창원군 지역에 살던 소작인들은 똑같이 삶의 터전을 잃었지만 약간의 이주 지원금 외에는 보상받을 것이 없었고, 하릴없이 뒤안길로 사라져갔다.

　서익진 경남대 교수는 당시 원주민들의 갈린 '운명'에 대해 말했다. "천편일률적으로 볼 수는 없지요. 그렇지만 몇 가지 대표적인 전형을 꼽자면, 아무것도 없이 소작농으로 살다가 일구던 땅이 없어지니 또 다른 농촌으로 가서 소작을 붙이거나 마산 같은 도시로 가서 노무자가 된 사람들이 하나라고 할 수 있겠죠. 그리고 그나

2015년 5월의 봉곡동 모습. 반듯하게 구획지어진 구역 안에 균일한 크기의 단독주택들이 들어서 있다. 원래는 논밭이 대부분이었으나 원주민 이주를 위한 택지로 지정돼 단독주택 단지가 됐다. ⓒ양해광 창원향토자료전시관 관장

마 택지라도 받아서 집을 올리고 살게 된 사람들, 나중에 보상을 아주 많이 받아서 부자가 된 사람들이 다른 한 편이라고 볼 수 있겠지요."

집터는 반듯한데 살 대책은 엉망

현재 창원에 남은 원주민 대다수는 당시 택지를 분양받아 이주 단지에서 삶을 꾸려온 사람들이다. 〈창원출장소사〉는 '출장소는 1977년 3월, 11억여 원(공사비 6억 6800만 원·보상비 4억 5400만 원)을 들여 1차로 웅남1동 두대리에 7월 말까지 8만 8000평을 완공하여 주택 470동과 공공시설을 건립, 삼귀·귀곡 등의 이주민들을 수용하기로 하였다. 철거민에게 60평 내외의 택지를 분양하고, 자유 이주자에 한해서는 별도 이주 정착비 80만 원을 지급하기로 하였다'고 밝히고 있다. 이후 출장소는 원주민들을 자연 마을별로 퇴촌·사

림·중앙·사파·대방·지귀·봉곡·성주·두대·명서·팔용동 등에 단
독주택지를 조성해 택지를 분양하고 이주를 추진한다.

　이주 택지 단지는 공터였다. 살 집도 없었거니와 근처에서 먹고
살 방법도 없었다. 정부가 이주 원주민에게 나름의 혜택을 줬지만
사실상 실효성 없는 대책들이었다.

　이시우 삼원회 사무국장은 말했다. "1974년 4월 1일 이전에 수
용된 사람들에게 3평(9.9㎡)짜리 상가 분양권을 줬습니다. 그것도
소지가(수용 전 땅값)가 아닌 일반 분양가로 돈을 내야 했죠. 그러니
까 돈이 있으면 그 상가를 사서 장사를 하라는 겁니다. 원주민들이
대부분 공시지가보다 못한 돈으로 보상받았는데 상가를 준다 해도
그대로 인수하기도 힘들고, 장사하려면 밑천이 있어야 할 것 아닙
니까. 게다가 당시만 해도 주변에 전부 이주해온 원주민만 살았습
니다. 상권이 형성돼 있을 리가 없었죠. 그러니까 상가 분양권 받은

宅地造成

· 規　模 : 100 千坪
　　　　 (宅地 83 千坪　公共用地 17 千坪)

· 移住地 : 20 千坪

· 工　期 : 着工 74. 3. 17
　　　　　竣工 74. 5. 30

住宅建立

· 建立計劃 : 202 棟
· 建立期間 : 着工 74. 4. 15
　　　　　　竣工 74. 6. 30
· 施工者 : 大韓住宅公社

1974년 창원공단 이주단지 개념도. ⓒ양해광 창원향토자료전시관 관장

126

1979년 찍힌 봉곡동 이주단지 모습. ⓒ양해광 창원향토자료전시관 관장

1984년 내동지구 철거 모습. ©양해광 창원향토자료전시관 관장

사람 80~90%가 그걸 팔고 나갔습니다."

박홍실 삼원회 이사장도 덧붙였다. "당시 주거지역과 상업지역은 완전히 분리돼 있었고 교통도 열악해서 뭘 사거나 하기가 어려웠습니다. 그러니까 택지에 장사를 좀 하게 해 줬으면 좋았을 텐데 그렇지 못했습니다."

공인중개사 이기찬 씨는 관련해 이렇게 설명했다. "당시 택지를 1종 전용주거지역으로 묶어놨어요. 저층, 2층 정도 주택만 지을 수 있었습니다. 그래서 소위 '근린 상가'가 하나도 없으니까 불편이 이만저만이 아니었습니다. 그 바람에 결국 나중엔, 상가가 들어설 수 없는 곳인데 창원시가 도로 주변 중심으로 규제를 풀어줬죠."

공장노동자 월세 받기 '특공작전'

원주민들은 현실을 제대로 고려하지 않은 우악스러운 정부 규제 속에서도 숨 쉴 구멍을 찾아야 했다. 원주민들은 이주단지에 정착 하던 때를 기억하면서 모두 '블록 집', '단칸방' 이야기를 했다.

서익진 교수는 말했다. "산업단지 조성은 그야말로 '빅 푸시'였 습니다. 공장들이 갑자기 막 들어서고 노동자들이 대거 유입되니 까 기존 환경이 이들을 소화해 내지 못했어요. 배후단지도 다 조성 이 안 됐을 때는 공장에 취직한 노동자들이 살 곳이 없었던 거지요. 마산에 방을 빌려 출퇴근하는 사람이 많아지자 마산 주거비가 올 라갔고, 창원 원주민들의 집에 노동자가 세를 사는 형태가 나오기 시작했죠."

하지만 이 '임대 사업'도 쉬운 일이 아니었다고 한다. 박홍실 이 사장이 당시를 설명했다. "옛날 두대동 생각이 나는데, 방세라도 놔 먹으려고 집터에 방을 좀 지어보려고 하면 밤에 아주 특공대식 으로 해야 했다고. 지어 놓으면 부숴 버리니까."

이기찬 씨가 설명을 보탰다. "옛날에 독고다이(특공대의 일본식 읽 기에서 연원한 말)라고 있었지요. 무허가 건축물을 단속하는 임시 공 무원들인데, 낮에 무허가 건축물을 발견하면 몰려와서 다 부숴버 렸다고. 당시 택지 안에 네 가구까지만 짓도록 허용됐는데, 원주민 들이 임대를 내려고 지하에도 옥상에도 막 방을 지었거든요. 지금

1991년 대원동 이주단지 모습. ©양해광 창원향토자료전시관 관장

1991년 봉곡동 이주단지 모습. ©양해광 창원향토자료전시관 관장

봉림동 이주단지 모습 ◎양해광 창원향토자료전시관 관장

은 벌금 때리고 원상복구 명령 내리는데 옛날에는 바로 행동으로 해버렸던 겁니다. 밤에 다 지어 놓고 안에 사람이 들어가 있으면 못 부쉈기 때문에, 밤에 시멘트 바르고 나면 이불부터 갖다놨지요."

강장순 전 의원도 가음정동 사례를 들었다. "가음정 주거 지역은 수용 대상이 되고 철거는 거의 마지막에 됐습니다. 공장이 들어서고도 한참을 원래 살던 대로 살았지요. 한창 산단 조성 중일 때는 노동자들 살 곳이 귀하던 때니 주민들이 세를 놓으려고 단칸방을 만드는데, 이미 개발 구역으로 고시가 된 지라 전부 무허가로 취급돼 철거반이 부수고 그랬습니다. 그런데 이 사람들이 건물을 완전히 다 부수는 것은 아니라서, 일부 부수고 가면 주민들은 또다시 짓고 하기를 반복하다 보면 이렇게 저렇게 집의 형태가 만들어져갔던 기억이 있어요."

창원시에 남아 있는 원주민들은 아직도 대다수가 이주 단지의 단독주택에 살고 있다.

1976년 찍힌 내동 공단부지 조성 현장 모습.
ⓒ양해광 창원향토자료전시관 관장

삶터와 생업 잃고
투기 광풍 휘말려
도시 빈민으로

(11) 이주 택지로 간 원주민들2

삶터에서 밀려나 삶을 등지다

쫓겨나서 도시의 골목에 오줌을 갈기면서 / 개새끼 개새끼 하며 / 고래 고래 고함치던 그는 / 쇠를 만지는 기능공도 되지 못하고 / 동전을 세는 구멍가게 주인도 되지 못하고 / 개구리 오줌 같은 보상금으로 / 날마다 술만 퍼 마시는 / 주정뱅이가 되었다…(중략)…돌아가자 돌아가자 밤마다 실성하여 / 홀어미의 애간장을 태우며 / 녹슨 연장의 날을 세우던 그는 / 어느 날 무슨 일이 있었느냐는 듯 / 덜컥 눈을 감았다 / 의사는 그가 만성 간암으로 죽었다고 / 사망진단서에 짧게 쓰고 / 우리는 그가 뿌리 뽑힌 / 포도나무 같다고 / 가슴에다 썼다.

-고영조 '주정뱅이'

배운 것이라곤 땅 파는 일밖에 없던 사람들이었다. 헐값에 삶터를 수용당하고 이주단지로 밀려난 원주민 중에는 바뀐 환경에 적응하지 못한 사람들이 부지기수였다. 충분하진 못해도 집을 지어 단칸방 월세라도 받을 수 있었더라면 좋았겠지만 그럴 형편조차 안 되는 사람도 있었다.

고영조 시인은 "이름을 밝힐 순 없지만 귀현리 출신 중에는 이주단지에 정을 붙이지 못하다 정신질환을 얻어 결국 스스로 삶을 뜬 친구도 있었다"라고 조심스레 털어놨다.

고경수 씨는 "우리는 대원동 이주단지에 땅을 얻어 집을 지었지만 생업이 포도 농사였기 때문에 마산 덕동에 농장 터도 따로 샀었다"라며 "나중에 이를 보고 마을 사람들이 '왜 그때 함께 농사지으면서 살자고 말해주지 않았느냐' 하고 원망 아닌 원망을 하는 이도 있었다"라고 말했다.

세월이 지나도 도시에 적응하지 못했던 것이다. 평생 농사밖에 몰랐던 세대뿐 아니라 젊은이 중에도 도시에 적응하지 못한 이들이 있었다. 그중 몇몇이 결국 세상을 등졌다는 이야기가 몇 번이나 들려왔다.

이주민 생계 대책의 그늘

이주단지 주택을 활용한 임대업 외에도 정부가 마련한 공식적인 이주민 생계 대책이 없진 않았다. 산업기지개발촉진법은 이주 대상자들을 위한 구제·지원을 위해 '산업시행자 또는 기지개발지역 안에서 기업을 경영하는 자는 특별한 이유가 없는 한 이주자를 타에 우선하여 고용하여야 한다'라는 규정을 뒀다.

이에 따라 당시 관계기관(마산시·노동청 마산지방사무소·입주업체·창원기계공업공단)의 장으로 구성된 '취업대책위원회'가 △이주민 취업 알선 도모 △영농대책 마련 △기지 내 입주 업체 취업 기회 마련 △인허가 우선 △자녀 장학금 지급 △새마을 취로사업 우선 참여와 같은 대책을 내놓기도 했다.

〈창원국가산업단지개발사〉는 1975년부터 1988년까지 취업한

농토편입 원주민 실수요자 택지분양공고

1. 분양예정지
2. 참가자격
3. 분양방법
4. 택지 분양기준
5. 신청접수기간 : 1979. 7. 30~8. 18(20일간)
6. 신청장소
7. 선수금납입
8. 개인별 택지결정 방법
9. 추첨일자 : 추후 개별통보함
10. 분양계약 체결

1979년 7월 25일

경상남도 창원지구 출장소장

1979년 7월 25일 자 농토 편입 원주민 실수요자 택지 분양 공고. 3000평 이상 편입됐으면 100평형 또는 간선도로변 택지, 500평 이상 3000평 미만 편입됐으면 75평 내외의 택지, 300평 이상 500평 미만 편입됐으면 30~40평의 연립택지가 주어졌다. ©경상남도창원지구출장소사

이주민을 총 1353명으로 기록한다. 1997년 기준 학비 지원 실적은 중고생 326명(1인당 32만 원), 대학생 70명(1인당 140만 원)이다. 하지만, 실제로 원주민이 산업단지 공장에 취직하는 일은 쉽지 않았다. 대부분 부산기계공고·금오공고 등 전국에서 이름난 기능학교에서 교육받은 인재들이 직능에 맞게 공장을 채웠다. 반면, 자녀 학비 지원 혜택을 본 사람은 꽤 있었다.

삼동마을 출신 명희찬 씨는 "당시 원주민 공장 취업은 지연이 있다고 하더라도 하늘의 별따기였다"라면서도 "나도 아들 학자금을 지원받은 적이 있고, 당시 이장 업무를 하던 때라 대상 가구들이 상당수 신청했던 기억이 난다"라고 말했다.

그나마 자녀들은 공단 내 한백직업훈련원에 입학해 취업 길을 여는 사례도 있었다.

부모 세대 취업 알선은 대부분 단순 노무직 중심으로 이뤄졌을 가능성이 크다. 고 시인은 동남공단관리공단에서 근무할 당시를 떠올렸다. "1970년대까지만 해도 그런 일이 적었고 1980년대 이후 이주민 생계 대책과 관련된 문제 제기가 나와서 나만 해도 열 명쯤 노무직 취업 알선을 한 기억이 있어요. 농사를 짓던 이전 세대들은 그게 한계인 거고 교육받은 그 자녀 세대가 어떤 형식으로든 능동적인 취업을 했던 거죠. 실제 공장 취업은 기술이 없으면 안 됐습니다. 알선받아 공장을 쓸고 닦는 등 단순 노동을 했던 사례는 '수동적 취업'이라고 해야겠죠."

생계 대책 혜택을 보지 못한 부모 세대들은 일거리를 찾아 헤맸

人口 分散정책따라 서울서 移住한 工團住民

就業보장안돼 生計막연

경기不況이 큰 원인

347세대 구호양곡·교육비만 지급

경남신문이 1980년 1월 11일 자에서 원주민 취업 대책이 제대로 작동하지 않고 있다고 보도했다. 당시 경상남도창원출장소는 이주민들에게 구호 양곡을 세대당 219㎏을 지급하기로 했지만 취업 연계는 거의 이뤄지지 않고 있었다.

다. 도희주 동화작가의 아버지는 뺑소니를 당해 불편한 다리를 끌고 ㈜한화 산업폐기물 분리장에서 일했다. 어머니는 공공근로 일자리를 찾아다니며 창원 시내 잔디밭이란 잔디밭은 다 메웠다. 산업도시로 변해가는 창원에서 땅의 원래 주인들이 할 수 있었던 경제활동이란 여기서 크게 벗어나지 못했다.

정착 못 하고 투기꾼에 집터 넘긴 사정

원주민들 처지에서 도시로 몰려든 노동자들에게 월세방이라도 내주려면 일단 집을 올려야 했다. 하지만, 기존 재산에 받은 보상금을 모두 합쳐도 그만한 돈이 안 되는 경우가 있었다. 소작을 지으면서 살았거나 원래 농사짓던 땅이 얼마 되지 않은 사람들이 그랬다.

용지마을 출신 김중화 씨는 "맨땅이나 골조만 있는 이주단지에 집을 올리려면 평당 30만 원이 들었는데 집터 60평이면 1800만 원"이라며 "예를 들어 20마지기(약 3000평) 농사짓던 사람들은 대지 사고 건물 올리면 빚만 남았다"라고 말했다.

이들은 모두 생계 수단이 없어 국수로 연명해야 했다. 봉곡동 출신 이강원 씨처럼 당장 집을 모두 올릴 돈이 없어 몇 년 동안 조금씩 증축했던 사례도 흔하다.

〈경상남도창원지구출장소사〉는 1978년 11월께 건축 자잿값이 15% 이상 급등해 원주민들이 이주단지 주택 건립에 어려움을 겪은 정황을 기록하고 있다. 이주단지 집터 분양이 4~6개월 미뤄지자 형편이 어려운 원주민 중에는 집을 짓기보다 땅을 전매하는 사람이 많았다. 1970년대 후반 창원 배후도시 개발이 본격화하자 전국에서 투기꾼이 몰려들어서다. 당시 출장소는 이주민들에게 원가 100만 원짜리 집터 60평을 24만 원에 분양했는데, 투기꾼들은 그

차액을 노렸다. 1979년 출장소가 '택지 분양 후 1개월 이내에 건물을 착공해야 한다'는 조건을 내세우자 이런 현상은 더욱 가속화했다. 원주민들은 당시 당장 600만~800만 원의 건축비를 마련하지 못해 투기꾼에게 땅을 넘겼고 출장소와 세무 당국은 한동안 속수무책이었다.

당시 대지종합기술공사 직원으로 창원시 도시설계를 위해 파견나와 있던 윤재필 시인은 그때 투기 광풍을 똑똑히 기억한다. 윤 시인은 "1·2·3차에 걸쳐 차례로 토지를 수용하고 이주가 진행됐는데, 그때마다 서울에서 내려온 투기꾼들이 빗자루로 토지를 쓸어담듯 했다"라며 "보상받은 이주민의 30~40%는 투기꾼에게 넘겼을 것으로 추정한다"라고 말했다. 그러면서 "개발은 확정적인데 투기꾼이 모두 쓸어가 물건이 없으니, 한때는 땅값이 원가의 4배까지 뛰기도 했다"라며 "투기 광풍 속에 이주단지에 정착하지 못한 원주민들은 없어진 고향을 그리면서 도시 빈민으로 살아갈 수밖에 없었다"라고 말했다.

1992년 3월의 사파동 이주택지 모습. 건물이 들어서지 않은 공터가 듬성듬성 남아 있다. 가운데 보이는 흰색 건물은 창원지방검찰청과 창원지방법원이다. ©양해광 창원향토자료 전시관 관장

실향 아픔에서
끝나지 않았던
이주의 고통

(12) 이주 택지로 간 원주민들 3

이주 택지에 집을 마련하기에도 모자라는 보상비, 불충분하게 갖춰진 주거 환경·기반시설 등 창원국가산업단지 조성을 이유로 창원시에서 추진된 이주는 원주민들에게 여러 어려움을 안겼다. 이주는 또한 첫 삽을 뜬 1970년대 중반부터, 길게 보면 마지막 철거지인 가음정동 주민들이 이주를 마친 2010년 전후까지 30년 넘는 세월에 걸쳐 벌어진 일이다. 때문에 이주도 수용과 보상처럼 그 시기와 상황에 따라 원주민들에게 천차만별의 기억을 남기고 있다.

자리 잡을 만하니 다시 나가라

시기를 달리해서 수용 대상이 된 자연마을 원주민들 가운데는 정부가 정한 이주 택지로 가지 않고 다른 선택을 한 사람들도 있었다.

이주의 조건인 택지 분양비와 건축비를 도저히 감당할 수 없었던 사람들이 한 축이다. 다른 이유로 이주택지로 가지 않은 사람들도 있었다. 덕정동 출신인 이종은 경남공익재단 상임이사는 이렇게 설명했다.

"절대다수가 농업이 밥줄이던 상황에서 어떤 사람들은 생계 수단을 끝내 포기할 수 없었습니다. 그래서 보상받은 돈으로 아직 수용되지 않고 농토에 면한 곳에 땅을 사 개별적으로 이주하기도 했

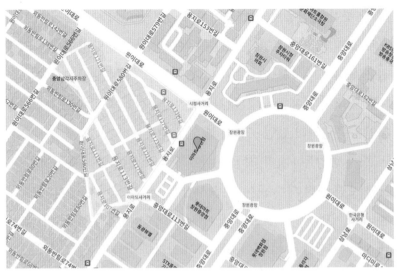

현재 창원광장 이마트 창원점 주변 지도. 노란색으로 표시한 구역이 윤재필 시인이 떠올린 '중앙동 1번가' 지역이다. 주변의 다른 구획들과 다르게 사선 형태를 띠고 있다. 구글 지도 갈무리

습니다. 이런 상황에서 어떤 사람들은 두 번 이상 수용과 이주를 겪기도 했지요."

이 상임이사의 '동네 형'인 손상희 씨의 경우가 그랬다. 손 씨 가족의 집은 덕정동에서 처음 수용을 겪고, 이사 간 월림동에서 다시 수용돼 사림동 택지로 이주했다. 손 씨 얘기다.

"원래 살던 곳이 덕정 지금 현대로템 자리인데, 거기가 수용되면서 받은 보상비로는 그때 이주택지로 정해진 대원동에 집 짓기가 마땅찮았어요. 평당 수십 원 받았다고도 하데요. 나중에 결국 포기하고 직장을 잡아서 가셨지만, 아버지는 처음에 농사 계속 지으시겠노라고 그리로 구태여 가지 않았다는 이유도 있었습니다. 그렇

게 간 곳이 월림동이었는데, 거기서 살다가 다시 수용돼서 사림동으로 갔지요. 물론 그때는 보상이 나쁘지 않아서 분양받은 택지에 집을 올려서 이사했습니다.”

당시 도시 설계를 맡은 대지종합기술공사의 직원이었던 윤재필 시인은 측량하러 갔던 곳에서 본 일을 회상했다.

“당시 중앙동 1번지, 지금 이마트 창원점 옆에 있는 곳이에요. 지도를 보면 주변 다른 곳이 전부 사각형으로 반듯하게 구획이 돼 있는데, 거기만 대각선으로 건물이 서 있어요. 어딘지 정확하진 않은데, 거기 사람들은 이미 이주를 와서 정착한 상태였죠. 그런데 그때 또 시에서 나가라 하는 상황이 된 거라. 측량하려고 찾아가니 똥바가지를 들고나오고 난리가 났어요. 이제 자기네들은 보상도 뭐도 필요 없다는 거예요. 그런 식으로 데모를 하다 보니 결국 추진이 안 돼서 거기만 구획이 다르게 남아 있는 걸로 알아요.”

풀 내음 시골 마을 위험 깃든 어두운 공가로

마을 사람들이 다니던 곳이 비고, 빈집이 늘면서 이주 예정 철거 지역은 치안·행정의 관심에서 멀어지기도 했다.

도희주 작가는 곧 철거될 사파정동에서 평생 잊기 힘든 일들을 겪었다. 도 작가의 가족도 연덕동 자연마을에 살다 수용돼 대원동으로 이주했고, 가족 사정으로 현재 사파동 일부인 사파정으로 이사했다가 다시 이주 대상이 됐다. 사파정은 당시 상남면에서 큰 마을에 속했고, 김해 김씨·밀양 박씨·해주 오씨·진양 강씨 등의 집

1974년 찍힌 중앙동 이주택지 모습. ©양해광 창원향토자료전시관 관장

성촌이 있던 곳이었다. 〈창원출장소사〉를 보면, 사파정은 1983년 일부 전답이 먼저 수용되고 1985년부터 1986년까지 마을의 수용과 보상, 철거가 진행됐다. 주민들은 사파정에 조성된 '사파이주택지 조성지역'으로 이주하게 된다.

1987년, 사파정 이주의 끝물이다. 사람들이 원 마을에서 대부분 나가고 빈 가옥들만 덩그러니 놓인 시기, 도 작가는 자신이 겪은 두 가지 일을 털어놨다. 드문 인적과 숨기 좋은 빈 가옥들은 비어가는 마을을 '우범지역'으로 만들었다. 1987년 겨울 무렵 사파정동 도 작가 집 주변은 본인이 '전봇대섬'이란 수필에서 묘사한 대로, 사람들이 빠져나간 데 이어 가옥마저 대부분 철거된 상태였다. 주변이 휑해진 이유로 집에 외풍이 심해져 아버지가 문 앞을 군용 담요로 막아둔 방 안에서, 도 작가는 어느 날 겪은 일을 기억한다.

"문밖에 수상한 움직임이 보였어요. 자연스럽게 움직이지 않고 뭔가 은밀한 동작으로 방문을 조금씩 열려고 하는 거 같았어요. 발 끝으로 문 열리는 것을 막고 담요를 걷으며 '누구야!' 하고 소리쳤더니 달아나는 발소리가 들렸지요. 그 일이 있고 나서 아버지가 대문, 부엌문, 방문을 대대적으로 보수하셨던 기억이 납니다."

철거 마을에 찾아든 것은 도둑만이 아니었다. 어느 날 불 꺼진 골목길의 불청객은 도 작가에게 충격적인 외상(트라우마)마저 안겼다. 온 나라가 서울올림픽을 맞아 축제 분위기에 휩싸인 1988년, 사파정동은 철거가 막바지에 이르렀다. 건물이 사라진 곳에 길은 뚫려가는데 마을의 모습이 어떻게 바뀔지는 종잡을 수 없었다. 빈집에는 부랑자들이 들락거렸고, 술 마시고 고함지르며 싸우는 소리가 들렸다. "어느 집 처자가 밤길에 당했다더라"는 식의 흉흉한 소문마저 돌았다.

하지만 당시 새내기 직장인이었던 도 작가는 소문과 소란을 귓등으로 넘기며 일상을 이어가야 했다. 그런데 버스를 타고 출퇴근을 반복하던 3월 어느 날에 흉흉한 풍문은 현실로 다가오고 만다. 도 작가는 당시를 털어놨다.

"사파정동은 그때 버스 종점이었어요. 버스서 내려 아스콘 포장도로와 가로등이 있는 길을 지나면 150m 정도 깜깜한 길이 나와 평소에도 무서웠죠. 그날 자줏빛 투피스 정장에 하이힐을 신고 또

각또각 가는데, 유난히 사위가 어두운 느낌이었습니다. 그러다 본 길 한쪽에 트럭 두 대가 서 있는 사이로 담뱃불이 보이더군요. 핸드백을 다잡으며 잔뜩 긴장해 지나며 오르막길을 오르는 순간 누군가 목덜미를 낚아챘어요. 정신을 차려보니 물이 마른 도랑에 처박히듯 눕혀져 있었고 괴한의 무게에 눌려 꼼짝도 할 수 없었죠. 다행히 악을 쓰며 지른 비명을 듣고 나온 근방에 있던 한 아저씨가 그자를 낚아채 격투를 벌이기 시작했고, 집으로 헐레벌떡 뛰어가 아버지와 함께 괴한과 그 친구를 잡아 경찰에게 넘길 수 있었죠. 하지만 몸이 받은 충격으로 걸을 수가 없어 열흘을 입원해야 했지요. 그보다 더 힘들었던 건 병원을 나오고부터 사람이 무서워졌던 거예요. 한동안 누군가가 다가오는 것, 단둘이 있는 것이 무섭게 느껴졌죠. 외상 후 스트레스 장애(PTSD)였지요."

1974년 완암마을 모습.
ⓒ양해광 창원향토자료전시관 관장

하고많은
사연 갈린 길에도
고향 마을
잊지 못하고

(13) 이주택지로 간 원주민들 4

한 우물 먹던 사람들, 뿔뿔이 흩어져

"마을 사람 모두가 한 가족처럼 지냈지. 시집온 사람이 동네 우물가에 물 길으러 가면 '누구 며느리고?' 살갑게 묻고, 빨래도 같이 하러 가고. 동네 아이들은 장복산 절골, 숯골 쏘다니며 토끼 사냥을 했지. 추석이면 아낙들, 누나들이 동네 큰 나무에서 그네 타고…. 학교에 가면 완암 사는 애들은 노루하고 뛰어논다고 괜히 놀리기도 하고. 떠올릴 때마다 눈물이 납니다."

창원시 완암리 출신 손정식 씨는 돌아갈 수 없는 어린 시절을 회상하며 눈시울을 붉혔다. 완암리는 지금의 효성중공업 창원공장 터에 있었던 120여 가구 규모의 마을이었다. '제1 완암, 제2 가음정'이라 불릴 만큼, 웅남면에서 살기 좋은 마을로 꼽혔다. 손 씨는 이곳 구장(이장) 집 7남매 중 차남이었다. 통지문 심부름할 때마다 구장 아들 왔다고 반겨주던 마을 어른들이 아직도 눈에 선하다. 해병대 신분으로 베트남전에 참전하고 돌아온 뒤에는 농사를 지었다. 1970년대 중반 완암지구 조성이 시작될 때까지만 해도 마을은 평화로웠다.

손 씨네 가족은 집과 논밭을 수용당한 대신, 이주택지에 1필지를 받았다. 그렇게 넘어간 땅 중엔 손 씨가 베트남 파병 기간 매달 송금한 30달러를 아끼고 아껴 산 논도 있었다. 원주민들이 대개 그랬듯, 택지는 받았지만 집 지을 돈이 없는 경우가 많았다. 손 씨 가족

완암리 출신 손정식 씨가 원주민들이 이주단지에서 겪은 일들을 떠올리고 있다. ⓒ강찬구

은 당시 한일합섬에서 근무했던 장남이 모은 돈, 차남의 월남전 파
병 보수 등이 있어 겨우 집을 지었다. 하지만, 받은 택지에 덩그러
니 움막만 짓고 살거나, 땅을 포기하고 사업을 벌이다 보상금을 모
두 잃은 사람도 있었다. 손 씨 얘기다.

　"또래 친구 십여 명도 창원 이주단지에 정착하지 못하고 수원으
로, 부산으로 살길을 찾아 떠났지. 집도 없고, 생업도 없어지니 객
지로 나갈 수밖에 없었던 거지."

　타향으로 떠난 손 씨 친구들은 완암리가 밀린 뒤에도 한동안 창
원을 찾았다. 아직 차가 많이 다니지 않던 시절 겨울이면 도롯가에
차 세워 놓고 눈싸움을 하기도 했고, 용동못(지금의 신리 물향기공원)
에서 밤새 노래 부르며 놀았다.

1976년 완암마을 모습. ©양해광 창원향토자료전시관 관장

보상 문제로 가족·이웃 소원해지기도

　모든 재산과 미래 기대 수익을 새집과 맞바꿔야 하는 상황에서 원주민들은 절박했다. 어차피 제값을 못 받고 수용당할 거라면 눈속임을 써서라도 택지를 더 받겠다는 사람도 생겨났다. 마당을 중심으로 위채·아래채로 나뉜 집터를 돌담으로 갈라 두 가구로 평가받는 식이었다. 자연마을 주소 정리가 확실히 되어 있지 않았던 당시에는 그렇게 주장해도 진실을 가리기 어려웠다. 마을 이장이 감정사들에게 보증해주면 그대로 인정되는 경우도 적지 않았다. 잘만 하면, 약 60평쯤 되는 이주택지를 한 곳 더 받을 수 있었던 것이다.

코로나19 이전에 매년 열렸던 제례에서 완암유적비 앞에 차려진 제상. ©완암향우회

　그 와중에 화목했던 이웃 간 불화가 싹트기도 했다. "택지 하나 더 받자고 마당에 담을 쌓아 놓았는데 당시 이장이 '이 집은 원래 나뉜 집이 아니라 밤새 담을 쌓아놓은 집이다'라고 이야기해서 수포로 돌아간 일이 있었지."

　손 씨 부친이 전임 이장이었던 만큼 당시 이장 집안과도 친분이 두터웠지만 사이가 멀어진 계기가 있었다. 베트남에서 함께 복무했던 선임이 여동생과 결혼해 마을에 왔을 때, 이장 동생과 싸움이 벌어진 탓이다. 이때 품은 앙심 때문인지 알 길은 없지만, 손 씨 가족은 몇몇 다른 사람들과 달리 두 필지를 인정받지 못했다.

　손 씨는 이렇게 고백했다. "너나 할 것 없이 화목하게 살던 동네

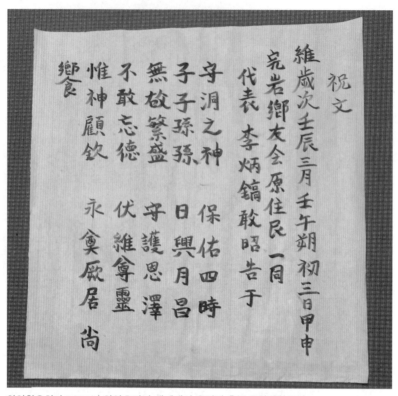

완암향우회가 2012년 완암유적비 제례에서 읊었던 축문.ⓒ완암향우회

였고 나름 인심을 잃지 않고 살아왔었는데 관계가 소원해진 것도 안타깝고, 한때 양심을 속인 일도 평생 부끄러워."

보상·이주 과정에서 처지가 달라진 주체가 단순히 가구와 가구 사이만은 아니었다. 한 집에 8남매까지도 흔했던 당시, 집 한 채로 귀결된 재산은 당연스레 장남이 상속하곤 했다. 손 씨 가족도 마찬가지였다.

"아버지는 어렸을 때 돌아가셨기 때문에 이주택지 새 집은 어머니 이름으로 했고, 어머니는 장남에게 집을 물려주겠다는 뜻이 확고했지. 집을 올리는 데 나도 일조했다고 생각했는데 한때는 크게 섭섭하기도 했어. 내 친구 후배도 그렇지만, 다른 집들은 보상 문제로 형제간 법적 분쟁까지 갔던 경우도 많았고."

최소한의 생업 기반을 창원에 만들지 못한 그 시대의 동생들 중 일부는 그렇게 고향을 떠났다. 손 씨는 다행히도 우연히 익힌 석재 기술을 바탕으로 가족을 먹여 살릴 수 있었다. 이주택지에 새집을 짓던 사람들이 마감이며 기둥, 계단 등을 돌로 꾸미는 일이 많았기 때문이다. 손 씨는 지금 창원시 의창구 윤병원 자리에 있던 '마산 석재' 하면 모르는 사람이 없을 정도로 유명했다며 웃었다.

옛터 유적비에서 추억 더듬어

'완암은 장복산의 높은 기상이 등내골을 타고 내려와 둥지를 튼 곳이었습니다. 흰 구름을 안고 있는 높은 산의 그윽한 바위들과 암반을 흘러내린 덕천곡의 맑은 물이 동네 복판을 지나며 깨끗하고 근면 성실한 인간의 품성을 길러준 마을이었습니다. …… 여기에 공단이 들어섰습니다. 실향민이 된 우리들은 선조들의 깨끗한 자취와 소먹이며 멱감고 물고기 잡으며 놀던 향토의 아름다운 추억을 간직하기 위해 오늘 여기 모여 기념비를 세웁니다. 이 석각이 고향을 잇는 완암인들의 마음의 이정표이기를 바랍니다.' 〈완암유적 비문〉

창원 이주단지에 남은 완암 사람들은 아직도 매년 10월이면 만

코로나19 이전에는 매년 열었던 완암유적비 제례. 제례는 2022년 10월 3년만에 다시 열렸다.ⓒ완암향우회

나서 고향을 추억한다. 코로나19 여파로 2020년과 2021년에는 모이지 못했고 2022년에는 모일 수 있었다. 만남의 장소는 완암소류지 인근에 조성한 '완암 유적비' 앞이다. 현재 창원에는 원주민 마을 옛터마다 비석이 서 있는데, 완암유적비는 그 중에서도 상대적으로 규모가 큰 편이다. 왼쪽에는 비문이, 오른쪽에는 완암사람들 명단이 앞뒤로 빼곡히 적혀 있다. 원래는 완암사거리 옛 마을 터 가까이 세웠지만, 도로 부설 관계로 지금의 위치로 옮겼다.

손정식 씨 친구이자 전 완암향우회장인 박용운 씨는 이렇게 말했다. "완암 출신 이병호 대웅산업개발 대표가 비석 설립 경비를 댔어. 향우회를 시작한 지는 20년 정도 됐는데, 매년 제를 지내고 축문을 읊은 뒤 완암 사람들끼리 축제처럼 시간을 보내."

2~3년 차이씩 한 기수로 묶어 한 번 모이면 고향 이야기로 꽃을 피운다. 서울이나 부산에서 벌초하러 온 완암 사람들이 비석 명단에서 반가운 이름을 보고, 고향을 지켜줘 고맙다며 향우회로 연락해오거나 찬조금을 보태기도 한다.

박 씨 얘기다. "봉림동 이주단지는 40여 개 원주민 자연마을 사람들이 모여 있는 곳이고, 향우회도 연덕·창곡·월림 등 다 따로 조직돼 있어. 마을 규모가 작았어도 완암처럼 아직까지 활발하게 모이는 곳이 있고, 동네가 컸어도 단합이 잘 안되는 곳이 있지. 아이들도 향우회에 가입시키고 다른 마을 사람 자녀들과 같이 명절에 공도 차고 했는데, 직접 겪은 추억이 없다 보니 나이를 먹으면서 관심이 옅어져 안타깝기도 해…."

삼원회가 창원유허비 앞에서 매년 이어온 삼원제례. 2021년 제례에서 제관들이 예를 올리고 있다. ⓒ삼원회

창원과 원주민 역사
바로 알고
미래 세대
화합하길

(14) 원주민단체 삼원회

희생과 울분 달래기 위한 모임

"'삼원회'란 현 창원시의 중심이며 뿌리가 되는 옛 창원군의 세 개 면인 창원면·상남면·웅남면에서 살았던 사람들이 옛 텃밭의 모습을 그리워하여, 향인으로서의 정분을 두터이 나누고, 그 유구한 역사와 빛나는 전통, 그리고 아름다운 풍속을 대대 후손들에게 깨우쳐 줌으로써 고향의 발전에 이바지하자는 뜻으로 이룩한 모임의 이름입니다. 말하자면, 빛나는 창원을 길이 이어 가자는 '세 뿌리의 모임'이란 뜻입니다."('삼원회를 만드는 뜻은', 박홍길)

삼원회는 현재 회원 3000여 명과 창원시 의창구·성산구 내 12개 행정동별 지회를 갖춘 원주민 단체다. 정식 출발은 사단법인이 출범한 1995년 4월 1일이지만 1990년에 이미 발기인 회의를 여는 등 결성을 준비했다. 14대 이사장을 맡았던 최삼도 전 창원시의원은 설립 당시의 분위기를 말했다.

"농사짓던 사람들이 땅 뺏긴 설움에 분노가 꺼지지 않았지요. 상가 분양 등으로 달랬지만 그것조차 미흡했습니다. 그래서 당국이 일종의 간접 보상책으로 내놓았던 것이 삼원회를 설립하는 것이었습니다."

세 개 면에서 각 6명씩이 발기인이 됐다. 정부 대책의 일환이었던 만큼 당시 면장 등 공직에 발을 걸친 전력이 있는 인사들이 주도적으로 참여했다. 손무곤 전 창원상공회의소 상근부회장은 "처음

삼원회는 원주민의 단합과 옛 삼원지역의 기억을 보존하기 위해 여러 문화행사를 연다.
2016년 문화한마당에서 윷놀이를 하는 모습. ©삼원회

시작은 전직 공직자들로 했고 차츰 원주민 중심의 모임으로 바뀌었습니다. 처음 취임한 손일봉 회장이 제 할아버지인데, 예전에 웅남면장을 하셨었지요"라고 설명했다.

1995년까지는 회장을 선출했고, 사단법인 설립 이후부터는 이사장을 선출해 지금 재임 중인 박흥실 이사장까지 열일곱 차례 집행부가 선출됐다.

옛 땅 기억하고 현재를 뭉치는 끈으로

삼원회가 처음 주력한 사업 역시, 그 설립 취지와 같이 반강제

로 땅을 빼앗긴 원주민들의 억울함과 분노를 위무하는 일이었다. 1994년에 준공해 창원시에 헌납한 창원대종과 창원유허비가 그 노력의 첫째 산물이다. 이 둘은 현재 성산구 용호동 창원중앙도서관 뒤편 야산의 용지호수공원과 이어지는 정상에 마련되어 있다. 그리고 오랜 기간에 걸쳐 각 자연마을이 있었던 땅에 세운 유적비들이 뒤를 이었다.

대종과 유허비는 삼원지역의 기억과 창원 발전에 바친 희생을 상징하는 초석이다. 삼원회는 이곳에 숨결을 불어넣는 역할도 이어나가고 있다. 삼원회는 1999년부터 매년 음력 9월 9일에 창원유허비에서 삼원제를 봉행하고 있다. 제단에 참석 제관을 대표해 제일 먼저 잔을 올리는 초헌관은 창원시장이나 부시장이 맡는다. 창원시의 수장이 제를 올리는 만큼 산업단지 개발 이후 창원시민이 된 시민들, 통합 창원시의 구성원들도 함께 원주민의 아픔을 기리는 셈이다.

2022년에는 10월 4일에 제27회 삼원제례를 올렸다. 박홍실 이사장은 "코로나19 기간에도 축소해서 했지 한 번도 거른 해가 없었습니다"라며 "삼원제례는 산업단지 개발로 가장 큰 피해를 입고, 이후에도 힘든 인생을 헤쳐나간 이주 1세대 선친들을 위한 것입니다. 저를 포함한 2세대들은 도시화가 되고 그 덕에 공부라도 했지만, 선배 세대들은 그야말로 고통만 겪었습니다. 또 제례는 땅이라도 분양받은 정착민들을 위하는 것을 넘어, 땅도 보상도 없이 타지로 흩어져간 옛 창원군민들을 기리는 뜻도 가지고 있습니다"라고

원주민 1세대들의 아픔을 이야기하다 상념에 잠긴 삼원회 박홍실 이사장. ⓒ강찬구

말했다.

이 외에도 삼원회는 문화 한마당, 유적지 탐방 등 삼원지역 원주민들을 위한 행사들을 마련해 오고 있다. 이시우 사무국장은 "삼원회는 창원시에 전통문화예술단체로 지정돼 있어요. 매년 전통문화에서 소외된 원주민들에게 체험 기회를 제공하고 있습니다"라며 "현재 퇴촌농악 등 옛 삼원 지역의 전통문화를 적극 계승 발전하도록 젊은 전수자 등을 육성하는 노력도 해나가고 있습니다. 이외에도 옛 마을 문중에서 전하는 의례와 문화를 적극적으로 발굴해 나갈 생각입니다"라고 말했다.

2001년 1월 12일 삼원회관 준공식에서 풍물패가 축하 공연을 하고 있다. ⓒ양해광 창원향
토자료전시관 관장

원주민 염원 담은 보금자리 돌려드리고파

삼원회관(성산구 마디미로9번길 4)은 고향을 지킨 원주민들의 소망으로 세워졌다. 최삼도 전 시의원은 "상남면 출신이었던 당시 김종하 국회의원부터 해서 시의원들까지 삼원회관 건립에 협조를 이끌어내기 위해 노력을 많이 했지요. 그 끝에 국비와 지자체 예산이 확보됐고 의정동우회와 행정동우회도 힘을 합쳐서 건물을 세울 수 있었다고 알고 있습니다"라고 전했다. 이시우 사무국장도 "당시 회관 건립에 60여 분이 사비를 기여하셨습니다"라고 말했다.

삼원회관은 건립 이래 원주민들의 각종 행사·모임 장소 역할을 해 왔고, 옛날 모습을 담은 사진과 창원군의 옛 지형 모형 등을 전시함으로써 지역사를 보존하는 공간으로도 기능하고 있다. 이 사무국장은 앞으로 삼원회관을 '시민의 공간'으로 만들어나가려 한다고 밝혔다.

"회관이 있는 상남동은 시에서 젊은이들이 가장 많이 집결하는 곳인데 제대로 된 문화공간이 부족한 부분이 있습니다. 그래서 저희는 삼원회관을 원주민들만의 공간이 아니라 모든 시민들이 창원의 역사와 개발 과정을 체험할 수 있는 공간으로, 또 새로운 문화를 편리하게 이용할 수 있는 문화예술 공간이 되게끔 꾸려나가고 싶습니다. 시민들께서 많은 관심을 보태주셨으면 좋겠습니다."

새 세대의 원주민을 위해

법인 출범 27년 차, 세월이 지난 만큼 삼원회도 여러 변화를 겪었다. 박홍실 이사장은 현재 삼원회의 주축이 이주 2세대라며 "근래 퇴직을 했거나 앞두고 있는 50~70대가 대부분입니다"라고 설명했다.

삼원회 또한 '세대차'를 겪었다. 예전 삼원회에 관여했던 원로 가운데는 삼원회에 타향 사람 비중이 높아지는 등 삼원회가 본래 의미를 잃어버렸다고 평하는 사람들도 있다. 이에 대해 박 이사장은 "바뀐 시대를 따라가자면 자연스러운 일입니다. 도시화 이후에도 창원서 나고 자란 사람들이 있습니다. 나중에 보면 그들도 원주민이지요. 삼원회는 이들을 포함해, 창원 시민을 위한 단체로 탈바꿈해야 하는 패러다임 전환기에 있습니다. 선배 세대의 노력과 희생에 느끼는 큰 감사함만큼, 3세대에게 훌륭한 삼원회를 물려주고 싶은 생각입니다"라고 말했다.

이어 박 이사장은 "후세대를 위한 계획을 마련하고 있습니다. 옛날을 겪지 않아 동질감이 떨어지는 이들에게 소통의 장을 제공하려 노력 중이고, 이들이 들어오면 삼원회가 정신적으로나 문화적으로나 어떻게 도움을 줄 수 있을지 고민하고 있습니다"라고 말했다.

창원대종이 1993년 12월 20일 헌종식 당일 창원대종각에 걸린 모습.
©양해광 창원향토자료전시관 관장

아픔으로 녹이고
염원으로 깎은
옛 창원의 두 상징

(15) 창원대종과 창원유허비 이야기

창원대종·유허비, 아픔의 역사 담겨

도시에는 그곳의 정체성을 담은 유명한 상징물이 있게 마련이다. '63빌딩'처럼 선진국 진입 열망을 드러낸 마천루, '창원대로'처럼 계획도시 창원을 설명할 때 빼놓을 수 없는 기간시설 등이 대표적이다. 반면, 대중에게 잘 알려지지 않았어도 도시 발전 과정의 이면이 함축된 상징물도 있다. 창원시 성산구 용지호수 옆 야트막한 언덕에 선 '창원대종'과 '창원유허비'가 바로 그런 사례다. 시민이 자주 찾는 휴식 공간 가까이에 있고 광복절, 12월 31일 타종 행사도 하는 곳이지만, 윗세대가 어떤 마음으로 두 상징물을 세웠는지 아는 창원시민은 많지 않다.

"400여 년 아득히 닦아온 조상들의 행적과 흔적이 소멸되는 비운의 절연(絶緣)을 통탄하며 이제 우리 조상들의 손때 묻은 돌 하나 만져볼 수 없고 땀에 젖은 흙 한 줌도 만져볼 수 없게 되었으니…언제라도 이 땅에 찾아오셔서 옛 벗님들과 한자리에 만나 당신들의 영(靈)을 달래며 지난날 있었던 즐거운 담소를 나눌 수 있는 표적(表迹) 하나라도 만드는 것이 우리들의 숙원이므로 회장님의 협조를 바랍니다."(〈창원대종 및 유허비 건립보고서〉 중 '삼원회 건의문')

두 상징물 건립은 신도시 창원의 모든 주체가 마음을 모아 원주민 희생을 위로했다는 점에서 의미가 있다. 발단은 원주민 단체 삼

창원대종각 건축 공사 모습.

원회가 1990년 창원상공회의소(이하 창원상의)에 한 통의 건의문을
낸 일로 거슬러 올라간다. 건의 내용은 신도시 거름이 된 원주민의
희생이 잊히지 않도록, 새 창원 어딘가에 새겨달라는 취지였다. 창
원상의는 공단 조성에 앞장섰던 각 기관에 의견을 물었고, 이들이

수락하면서 본격적으로 창원 상징물 건립이 진행됐다. 지역 상공회의소가 상공계 밖 지역 의견도 일정 부분 수렴했던 지방자치 시작 전 시기의 단면이기도 하다.

창원시민 모두 함께한 상징물 제작

상징물 건립에 필요한 재원으로 총 7억 원이 모였다. 창원시가 3억 원, 수자원공사가 2억 원, 동남산업단지관리공단(현 산업단지공단 경남지역본부)이 1억 원, 창원상의가 1억 원을 출연했다. 모두 원주민들의 희생에 책임이 있는 곳이다.

곧 '창원 상징물 및 유적기념탑비 건립추진위원회'가 꾸려졌다. 고 이정석 당시 창원상의 회장이 초대 위원장을 맡았고, 고문·자문위원·위원에 100명 넘는 사람이 이름을 올렸다. 보고서를 보면 국회의원, 시의원, 상공인, 웅남·창원·상남 3개 면 원주민, 각종 사회단체, 언론계, 학계 전문가 등 각계각층에서 참여했다는 사실을 알 수 있다.

이정석 회장에 이어 추진위원장을 맡은 박창식 전 창원상의 회장은 회고록에서 "상징물과 탑비라는 단어가 들어간 추진위 이름에서 볼 수 있듯, 처음에는 상징물과 기념탑, 비석 3가지를 세우기로 했는데, 7억 원으로는 모자랐다"며 "전체 추진위 회의를 거쳐 창원대종과 유허비 두 개만 세우는 것으로 합의했다"라고 말했다.

창원대종과 유허비 제작에는 각계 대표 격인 추진위뿐 아니라 일반 창원시민도 참여했다. 추진위는 1990년 9월 28일 〈경남신

창원유허비 설치 공사 모습.

문〉, 〈경남매일〉에 창원대종 표면 문양 디자인, 창원 상징물 기념
비 모형 디자인 공고를 했다. 3개월 동안 17명이 32점을 응모했고,
당선작에는 강경봉(고성)·김도형(마산) 씨 공동작품이 뽑혔다. 이들
디자인이 그대로 채용되진 않았지만, 종 중앙의 꽃과 이를 둘러싼

톱니 문양 등은 완성품에도 비슷하게 접목됐다. 창원이라는 고장과 기계공단을 상징하는 기호다. 1993년 완공된 창원대종은 상대 문양에 구름, 하대 문양에 창원시 시목·시조인 소나무·까치를 넣어 지금의 모습을 갖췄다.

다만, 유허비 모형디자인은 건립에 적합한 모양이 없어 당선작을 내지 못했다. 당시 공모에서는 모두 당선작 1점, 우수작 1점, 가작 11점이 수상했다.

종 보고 돌 찾으러 방방곡곡에

상징물 건립 사업의 실무를 맡은 기관은 창원상의였다. 기금을 보탠 기관 중 사업에 별도 인력을 투입할 여유가 있었고, 직원 중 옛 창원 출신 원주민이 많아 추진 의지도 강해서다. 대종 관련 자료를 모아 제작사를 섭외하고, 유허비에 쓸 돌을 구하는 등 품이 드는 일을 도맡아 했다.

창원대종 높이는 창원·상남·웅남 3개 면을 뜻하는 3.3m로 정해졌고, 무게는 약 12.5t에 달했는데 이만한 종을 제작할 수 있는 곳은 국내에 흔치 않았다. 당시 실무자였던 손무곤 전 창원상의 상근 부회장은 "경주 에밀레종(성덕대왕신종) 등 전국 사찰 범종을 답사하며 자료를 모았고, 충북 진천 성종사에 제조를 맡길 수 있었다"라고 말했다. 성종사는 부산 홍종사와 함께 국내 범종 제조업계를 양분하는 회사다. 제작 감수는 당시 금속 음향 분야 국내 최고 권위자였던 염영하 서울대 교수, 배성인 창원대 교수가 맡았다.

손무곤 전 창원상의 상근부회장이 상징물 제작 관련 일화를 밝히고 있다. ©이창우

　손 전 부회장은 유허비에 쓸 돌을 찾는 일도 쉽지 않았다고 털어놓았다. "석재상을 수소문하다 보니 큰 산 밑에 자연석을 무더기로 모아놓은 상인들이 많았습니다. 강원도까지 가서 찾는 중에 마음에 드는 돌이 딱 하나 있었는데, 63빌딩 표지석으로 세우려고 구두계약된 돌이라고 하더군요. 그 자리에서 창원기계공단 설립 과정에서 희생된 원주민들 사정, 유허비 설립 취지를 설명하고 설득한 끝에 마침내 돌을 구할 수 있었죠."

　"솔숲 먼당에 자리한 사향(思鄕)의 쇠북소리가 울려번지는 조국 강산에 지령인걸(地靈人傑)을 가꾸어 나랄 도우리라."(《창원유허비문》 중)

　유허비문은 창원에서 태어나 시인으로 이름 높았던 고 설창수

선생이 지었다. 같은 소답동 출신이었던 박창식 전 회장이 거듭 부탁한 결실이다. 원래는 다른 사람이 썼지만, 역시 창원유허비문은 창원 사람이 써야 한다는 생각에서였다. 비문 글씨도 창원 출신인 고 윤판기 서예가가 썼다.

박 전 회장은 회고록에 이렇게 썼다. "정든 땅을 내주고 이젠 고혼(孤魂)이 됐을 많은 창원 원주민이 저승에서라도 종소리를 들으며, 물장구치고 놀았던 추억, 이웃 간 정을 되새기는 기회가 되기를 바란다. 또 지금 창원시민은 이런 옛 창원사람들을 회억(回憶)하면서 삶에 희망과 용기를 얻기 바란다."

삼성중공업은 1995년 8월 18일 창원공장(현 HSD엔진)에서 선박용 대형엔진공장과 450t급 대형크레인이 설비된 기계플랜트전용부두 준공식을 열었다. ©양해광 창원향토 자료전시관 관장

듬성듬성
공장 땀 채워
세운 도시에
꿈도 피어나

(16) 고향을 떠나 창원으로 온 사람들

원주민들의 한이 서린 땅 위에 다른 이들의 삶이 움텄다. 가난했지만 미래를 꿈꾸던 전국 곳곳의 기계공고 학생들, 정규직 일자리를 찾아 헤매던 일부 타 도시 노동자들이 창원에 모여들었다. 공단 구석구석에서 한국 산업화를 뒷받침한 주역들이다. 창원공단은 이들에게 하나의 활주로였다. 사람들이 집을 얻고, 가족을 꾸리고, 못 다 한 배움의 길을 좇는 동안 텅 빈 땅이었던 창원도 지금과 같은 모습으로 성장했다. '공단 도시 창원'은 이렇듯 원주민들의 희생과 출향인들의 헌신으로 주조된 곳이다.

기계공고로 간 인재들

1974년 산업기지개발구역 고시 이후 원주민들의 땅을 밀어내고 들어선 창원공단, 그 안의 공장들을 메운 사람들은 전국 기계공고에서 훈련받고 취업한 기능공들이었다. 1973년 4월 정부 중화학공업추진위원회는 금오공고(경북 구미), 부산한독직업학교, 성동공고(서울), 광주공고(전남 광주)를 정밀가공기능사 양성학교로 지정했고, 그 뒤 기계공업고등학교로 이름을 바꿨다. 1979년까지 기계공고는 전국 19곳으로 늘어났다. 중공업을 육성하기로 한 이상 산업의 실핏줄이 될 인재를 키워야만 했기 때문이다.

당시 기계공고들은 대부분 학비 면제 혜택이 있었고, 기숙사까지 저렴하게 제공했다. 공부를 잘했는데도 인문계 고등학교, 혹은

김규동 시인. ⓒ이창우

대학까지 진학할 학비가 없어 좌절했던 전국 중학생들에게는 한 줄기 빛과 같았다.

강원도 평창 출신 김규동 시인도 그런 아이 중 하나였다. 김 시인 은 "학창 시절 내내 반장을 하고 상도 자주 탔는데, 고등학교 갈 학 비는커녕 졸업사진을 찍을 돈도 없어 진학을 포기하려 했다"라며 "그때 선생님이 성적 우수 전형으로 갈 수 있는 부산기계공고를 추 천해줬다"라고 회상했다.

김 시인의 부산기계공고 한 해 선배 황병득 티에스테크 대표는 경북 청송 시골 마을 출신이다. 원래 꿈은 선생님이었고, 대구 소재 고등학교로 진학해 대학까지 가고 싶었지만 자취까지 할 형편이 닿지 않았다. 이런 상황이라면, 박정희 당시 대통령이 만든 데다 취

삼성중공업 창원제2공장(현 HSD엔진)의 1995년 8월 당시 모습. ©양해광 창원향토자료
전시관 관장

직도 잘 된다는 부산기계공고에 도전해보자는 생각이 들었다. 그는 "당시 부산기계공고 시험 일정이 한 달쯤 빨라서, 일단 쳐보고 안되면 연합고사를 칠 계획이었는데 덜컥 붙었다"라며 "동문이 전국 각지에서 다 모였는데 하나같이 공부는 잘했지만 집안 형편이 어려운 친구들이었다"라고 말했다.

1977년에는 창원에도 기계공고가 만들어졌다. 김 시인은 "제가 3학년일 때였는데, 당시 우리 학교(부산기계공고)에서 실습 장비며 테이블·쓰레기통 등 각종 집기를 만들어서 가져다준 기억이 난다"라고 말했다.

경북 봉화 출신인 김규련 창원상공회의소 경남지식재산센터장은 중학교 때 창녕으로 이주해 창원기계공고로 진학했다. 그는 "당시 전국 단위로 모집했었어도 마산이 유명했지, 창원은 인지도가 떨어졌기 때문에 주로 경남 학생들이 많이 왔다"라고 회상했다.

첫발을 디디다

"어딘지도 모르고 찾아온 신촌동 34번지는 허허벌판에 우뚝 솟은 공장뿐이었다. 1976년 처음 조성한 공단은 황량한 벌판이었고, 거침없이 달려온 바닷바람만이 매섭게 나를 맞았다. 공장과 회사조차 구분하지 못하던 까까머리 실습생이 처음 본 공장은 거대한 괴물이었다."(김규동 '내 인생의 활주로' 중)

김규동 시인은 부산기계공고를 졸업한 1978년 삼성중공업에 입사했다. 삼성중공업이 창원공장(현 볼보그룹코리아 창원공장)을 세운

첫해였다. 그는 "지금도 크지만, 당시에는 단일 공장으로는 제일 컸다"라며 "처음 봤을 때는 비행기 만드는 곳인 줄 알았다"라고 말했다.

학교 동기 900여 명 중 함께 입사한 사람만 120명이다. 이는 당시 삼성중공업이 창원기계공고와 결연하고 유능한 학생을 미리 선점했기 때문이었다. 실습 장비를 대주거나 졸업 전에 일본어 교육을 하는 등 신경을 쏟다가, 우수한 학생들을 우선 추천받았다. 김 시인은 "다니다가 마음에 안 들면 언제든 학교로 돌아와도 좋다는 조건으로 왔다"라며 "당시 공고 졸업생들이 잘 팔리던 때라 실제로 2번이든 3번이든 학교에서 취직시켜준 사례가 많았다"라고 말했다.

경남 도내에서도 많은 공고 학생이 창원에 입성했다. 이들이 본 첫 풍경은 아직 아무것도 없는 농촌에 공장들이 듬성듬성 들어선 모습이었다.

강천 동양코어 대표는 삼천포공고 3학년 재학 중이던 1980년 효성기계공업(현 KR모터스)에 취직했다. 당시 실습생으로 시작했어도, 취업 사실만 증명하면 졸업은 문제없었다. 강 대표는 "효성기계공업에서 삼미종합특수강(현 현대비앤지스틸) 가는 길 아래쪽은 그때만 해도 전부 필지만 정리된 공터였다"라며 "대중교통이 소답동 말고 구석구석으로는 가지 않으니까 어딜 가든 큰맘을 먹어야 했다"라고 말했다. 그러면서 "한 번은 정동에 살던 지인 집에 놀러 갔다가 길을 잃었다"라며 "버스를 타려면 언덕 삼거리까지 올라가야 하는데, 밤이 되니까 방향 감각을 상실해서 반대쪽 대림자동차 (현 DL모터스)까지 갔다 되돌아온 일이 기억에 남는다"라고 말했다.

진주기계공고 출신 성남주 작가는 1979년 11월 대림자동차에 취업했는데 이듬해 본사로 발령 나면서 난생처음 창원에 왔다. 성 작가는 "당시 넓은 기지대로와 사화 비행기 활주로가 기억에 남는다"라며 "지금 LG전자가 있는 정동도 촌락이었고 항상 일 마치면 그쪽으로 막걸리를 먹으러 갔었다"라고 말했다.

부딪히며 섞였던 시절들

전국 각지의 공고 졸업생들이 모이다 보니 서로 문화나 말투가 낯설기도 했다. 성 작가는 "서울 친구들이 참 조용하더라 싶더니, 좀 시간이 지나고 나서 사투리 쓰는 걸 듣고 '싸움 거는 줄 알았다'고 하더라"라며 "우리가 툭툭 던지는 이야기를 시비 건다고 생각했던 것"이라고 말했다.

당시에는 지역감정을 별로 느끼지 못했지만, 뒤늦게 실감한 일도 있다. "친하게 지내던 전라도 친구가 있었는데, 회사가 갈린 뒤에도 계모임까지 같이했지. 그런데 1997년 김대중 대통령이 당선됐을 때 이 친구가 '이제 너희 나 무시하지 마라'고 이야기해서 깜짝 놀랐지. 그냥 알던 사람이었으면 그러려니 했겠지만 꽤 친했었기 때문에 당시에는 무척 섭섭하더라고. 지금 생각해보면 낯선 경상도 땅에 와서 평소 억눌렸던 점이 있었겠다 싶어."

당시 야근·특근을 반복하던 공장 분위기에서 지역색에 따른 충

돌이 그리 많지는 않았다. 김규동 시인은 "부산기계공고처럼 전국에서 모여든 학교에 다닌 사람들은 이미 타지 친구들과 기숙사 생활을 3년 동안 해봤기 때문에 낯선 문화에 익숙한 상태였다"라고 말했다.

오히려 출신 학교별로 알력이 있기도 했다. 성 작가는 "요즘은 가르쳐주려고 해도 잘 배우려 하지 않지만, 당시 기능공들은 새 장비나 기술을 접할 기회가 있으면 어떻게든 자기 것으로 만들어야겠다는 의지가 강했다"라고 말했다. 그는 "학교에서 배우지 못했던 NC선반이라는 장비가 공장에 있었는데, 부산기계공고 출신 라인 조장이 자기 후배들에게만 장비 자리를 비워줘서 충돌했던 일이 있다"라며 "공장에서 출신 학교끼리 뭉치고 챙겨주는 분위기가 있었다"라고 말했다.

아직 '창원사람'으로서의 정체성은 덜하던 시기 이야기다.

（株）
厰工場
HYUNDAI
PRECISION & IND. CO., LTD.

창원은 노동자 권리를 높이려는 투쟁의 중심지이기도 했다. 사진은 1993년 현대정공 쟁의를 진압하러 투입된 경찰들의 모습. ⓒ양해광 창원향토자료전시관 관장

'닦고 조이고
배우고 익혀'
창원과 함께 커온
40년

(17) 창원과 함께 성장한 사람들

전국 곳곳의 기계공고 졸업생들을 포함해 각지에서 창원으로 온 노동자들은 산업단지의 발전에 발맞춰 삶의 뿌리를 내려갔다. 노동자들은 산단에서 희로애락을 함께했고 꿈을 키워나갔으며 '창원사람'이 돼 갔다. 대우중공업 노동자였던 황병득 티에스테크 대표가 말하듯, 사람들이 입 모아 기억하는 '공터' 창원은 그렇게 강산이 네 번 바뀌고 지금 모습이 됐다.

40여 년의 세월, '초년병'들은 손자를 보는 나이가 됐다. 어떤 사람은 문학을 하고, 어떤 이는 창원에서 기업을 운영하게 됐다. 판이하게 바뀐 그들의 모습은 창원에서 흘린 땀과 펼쳐나간 꿈을 과정으로 품고 있다. 새 터에 새 직장을 잡은 기계공고 졸업생들은 같은 공기를 마시며 함께 꿈꾸거나 각자 가진 꿈을 향해 나아갔다.

성남주 작가 ©강찬구

공단이 커질수록 사람도 성장하고

공단의 성장사는 곧 이들의 성장사다. 부산기계공고를 나와 1978년에 동기 120명과 함께 삼성중공업에 취직한 김규동 시인은 당시의 치열했던 직장생활을 회고했다.

"오후 8~9시까지 일하는 건 예사였지. '대망의 1980년대가 되면 마이카 시대가 온다!', 당시 정부 구호가 그랬어요. 주 52시간이 뭡니까. 잔업 특근하고 철야해서 다음 날 오전까지 하고…. 줄 잘 서서 좋은 회사 들어와서 내가 열심히 한다, 그 생각만 했어요."

'기술'을 얻으려는 노력도 치열했다. 김 시인은 말을 이어갔다.

"기술을 대개 일본서 들여오다 보니, 현장 용어가 대부분 일본어라 익히기 어려웠어요. 게다가 선후배고 반장이고 간에 기술을 잘 안 가르쳐줬지요. '쟤가 가져가면 내 자리가 없어진다'는 거죠. 그러면 선배들에게 잘 보여서 뭐라도 배우려고 이런저런 '사회생활'을 하는 요령도 부리곤 했죠."

강천 대표 ⓒ강찬구

임금은 가파르게 올랐고 생활 수준도 지속해서 나아졌다. 삼천포공고를 졸업하고 실습차 창원에 첫발을 들인 강천 동양코어 대표는 해가 갈수록 높아지던 급여를 설명했다.

"1980년 실습 갔을 때 첫 월급이 6만 7500원, 5년 뒤 통일중공업 들어가니까 월급이 20만 얼마였어요. 이후 나라도 계속 경제적으로 발전하

창원공단의 2015년 모습. 초기에는 대기업 공장이 듬성듬성 들어서 있다가 이내 중소기업들이 빼곡히 채워 나갔다. 이들 중소기업 상당수는 공장 노동자 출신들이 창업했다고 알려져 있다. ⓒ양해광 창원향토자료전시관 관장

고 창원공단도 계속 컸고 또 노사분규, 임금 투쟁도 1987~1988년 (노동자 대투쟁)에 엄청 심하게 있기도 했지요. 잠시 서울로 올라가 일하다가 1989년 창원에 다시 와서 중소기업에 취직했는데 월급 100만 원을 주더라고요."

김 시인은 말했다. "삼성서 처음에 콘센트 막사(반달형 가건물)에 살다가 셋방 살고…. 나중엔 아파트로 갔지요. 재형저축 3년, 52만 원 정도 모아서 결혼생활도 시작했습니다. 돈 버는 재미도 조금씩 생기고, 집 사고 평수 늘려가고 이런 것들이 재밌었어요."

공장 불이 꺼지면 독서등이 켜지고

당시 기계공고 졸업자들은 학창 시절을 "공부는 괜찮게 했는데, 형편이 안 좋았다"고 말하곤 한다. 그만큼 당시 창원공단에 온 기

계공고 출신 노동자들은 향학열이 강했다. 회사에 다니며, 또는 그
만두고 대학교에 진학하는 일이 드물지 않았다.

강천 대표는 회사를 그만두고 학교에 가기로 결심한 계기를 떠
올렸다.

"효성기계공업(현 KR모터스)에 6개월 정도 다녔어요. 회사에 중
학교 동창 여사원이 한 명 있었지요. 마산여상을 나왔는데 사무실
에서 일을 하더라고. 나는 현장서 기름복 입고 뽈뽈 기는데, 서류
들고 와서 현장에서 끼적끼적하고 그러면 뭔가 기분 나쁜 거야! 그
래서 회사 그만둬 버리고 1981년부터 1984년까지 마산에서 대학
에 다니게 됐죠."

1980년 함께 창원에 첫발을 디딘 성남주 작가의 동기들은 상당
수가 회사 생활을 하며 야간대학에 진학했다. 성 작가 말이다.

"월급 많지 숙소 있지, 처음엔 너무 좋았는데 어느 순간 안 되겠는 거야. 하나둘 공부를 시작하더니 나중에는 동기 98명 중 60명 이상이 전문대나 4년제 대학에 갔어요. 회사(대림자동차)에서 난리가 났죠. 저녁에 잔업을 좀 시켜야 하는데 말이야. 공장장이 학교 보내지 마라고 하게 되죠. 그래도 매주 토요일 되면 '과장님 조퇴 좀 시켜주세요' 하고 안 해주면 월담을 하는 거죠. 그렇게 다음 주 월요일 시말서 쓰고…. 저는 한 40장쯤 썼을 거예요."

성 작가는 계속 학업을 이어 나가 경영학 박사학위를 받고 현재 창원대학교에 출강 중이다.

김규동 시인도 현재 한국폴리텍대학 창원캠퍼스가 된 창원기능대학에 1988년 진학해 주경야독했다.

"당시 기능대는 아무나 들어가는 데가 아냐. 기능사 1급 가지고 현장 경험도 1년 있어야 했어요. 용접 1급을 따서 들어가 야간에 공부했죠. 저 포함해 기능대학 출신들은 자부심이 있어요. 기능에선 최고죠. 제가 그래서 말하죠. 나는 조국 근대화의 적자다!"

산업발전이 삶에 남긴 흔적 각별해

한국 기계공업 태동과 함께한 기억은 이때의 인연과 창원을 각별하게 만들었다. 황병득 대표는 대우중공업 입사 동기들과 여전히 활발히 교류한다.

"1977년 8월 17일. 우리 입사일입니다. 매해 이날 만나요. 마산·부산·태백 기계공고 출신 서른대여섯 명이죠. 현재 전국에서 활동하고, 올해는 중국에서 사업하는 친구도 참석했습니다. 지금 사업하는 사람들, 또 주민등록이 늦게 돼서 정년퇴직하고도 아직 삼성중공업에서 계약직으로 일하는 사람도 있어요. 상당히 의지가 되죠. 공고 출신 노동자들의 역할, 창원에서 컸죠. 처음에 대기업들 공장 들어섰을 때 듬성듬성했지만, 이후 공단을 채운 중소기업들, 알기론 거의 90%가 창원에 일하러 온 사람들이 세운 회사입니다. 첨에 왔을 때만 해도 '이런 촌에 어떻게 회사가 설까' 했지만, 지금 대한민국 대표 공단이 됐다는 데 가슴 뿌듯합니다."

성남주 작가는 창원에서 느끼는 특별한 '기질'을 산업 건설의 역사에서 찾는다.

"전국 노동자들이 모여 경쟁하던 그런 문화에서 자기 계발의 문화가 세어졌다고 볼 수도 있을 것 같아요. 아는 선생님이 책 쓰는 강좌를 여시는데, 창원은 항상 꽉 찬다는 겁니다. 더 큰 도시인 대구나 부산만 해도 그렇지 않다는 거예요. 창원은 '하고재비'들이 많은 도시입니다. 그게 창원을 지탱하는 힘이 아닐까요."

1981년 6월 9일 열린 알뜰시장에 반송주공아파트 주민들이 모여든 모습.
ⓒ양해광 창원향토자료전시관 관장

성냥갑 아파트에서
나눈 끈끈한 정

(18) 노동자와 아파트

어린 시절 고향을 등진 창원 기능공들은 일찍 가정을 꾸렸다. 창
원 최초의 대규모 공동주택단지였던 반송아파트, 조금씩 늘어나던
사원아파트가 이들의 보금자리였다. 처지가 비슷했던 사람들은 같
은 층, 같은 동 안에서 마치 예전의 마을 공동체와 같은 정을 나누
며 살았다.

10평 공간, 내 집 마련의 꿈

'쉰네 동 아파트/ 경사진 뒷동 꼭대기 방에서/ 새내기 부부로 사랑놀
이를 하고/ 밤을 새우고 허물어가며/ 뱃속의 아이 이름 짓기로 여러 날
이 갔다.'

-김규동 '반송아파트 6' 중

공단 조성 이후 창원은 전국 기능공과 유휴 노동력이 모여드
는 장소였다. 든 사람과 들 사람을 위한 주거 대책이 절실했다.
1976년 내동주공·남산주공(현 남산효성해링턴플레이스)을 시작으로
아파트가 들어섰지만, 늘어나는 노동자들을 수용하기는 비좁았다.
이런 상황에서 대한주택공사(현 한국토지주택공사)는 1978년 창원
최초의 대규모 공동주택단지인 반송주공아파트(현 트리비앙)를 지
었다. 1·2단지 통틀어 4560가구나 되는 거대한 규모였다. 준공 초

기에는 빈집이 많았다. 그때만 해도 아파트라는 주거 양식은 생소했고, 가구별 면적이 비좁아 '닭장', '성냥갑'이라는 멸칭도 뒤따랐다. 당시 1단지 가구는 10·13·15·17평, 2단지는 전부 10평에 불과했으니 무리도 아니었다. 허허벌판 위에 세워진 데다 밤이면 불빛도 뜸해 을씨년스러운 분위기도 났다.

반송아파트에 생기가 돌기 시작한 건 1980년대에 접어들면서다. 1985년, 양덕동에서 달세를 살던 김규동 시인은 이곳에 생애 첫 둥지를 마련했다. 10평 비좁은 공간이지만, 그래도 '내 집'이었다. 5층에서 1층까지 한 번에 쓰레기를 버릴 수 있는 시설, 연탄 아궁이를 입식 부엌으로 개조하고 기름보일러를 들인 추억 등 구석구석이 눈에 선하다.

"'집들이 선물 받은 화장지를 다 쓰면 떠난다'고 농담할 정도로 이사를 자주 했는데, 첫 입주 2년 뒤 17평으로 옮길 때만큼 감동적이었던 적이 없어요. 처음에는 '누가 저길 들어가나' 하는 이야기도 돌았지만 형편 어려운 사람 처지에서는 반송아파트 말고 딱히 갈 곳도 없었죠. 타지에서 창원에 와 정착한 사람 중 절반은 다 반송아파트를 거쳐 갔다고 봐도 될 겁니다. 이곳을 발판 삼아 이사 간 사람들 빈자리를 여러 회사가 독신자 숙소로 활용하기도 했죠."

끈끈했던 아파트 공동체

당시 반송아파트는 5층이었는데 층마다 2가구씩 마주 봤다. 나이도 형편도 고만고만했던 젊은 부부들은 난생처음 살아보는 아파

2000년 1월 반송주공아파트 계단의 새 연탄과 헌 연탄. ©양해광 창원향토자료전시관 관장

트에서 이웃사촌으로 연을 맺었다.

황병득 티에스테크 대표도 부산기계공고 1년 후배였던 김규동 시인과 반송아파트 7동 5층에서 다시 만났다. 어차피 맨 끝 층이라 두 가족 외에 아무도 올라오지 않으니 양쪽 현관문을 항상 열고 지냈다. 아이들은 그 사이 복도에 깔린 매트에서 이집 저집 번갈아 놀러 다니느라 바빴다. 옆집 이웃들도 그랬지만 같은 열 계단을 함께 쓰는 10가구는 기본적으로 돈독했다.

"저보다 조금 나이 많은 사람도 있고 적은 사람도 있다 보니 참 재미있게 지냈어요. 돌아가면서 자기 집에 초대하면 십수 명이 좁은 집에서 밥도 먹고, 술도 한 잔씩 했죠. 냄비 같은 걸 두드리며 노래도 부르고, 한 가족처럼 흥겹게 놀았어요. 그때는 노래방 같은 것도 없던 시절이었으니까요. 그때 반송아파트에서 모여 살던 사람들은 아직도 1년에 한 번씩 꼭 만납니다. 꼭 10년을 살았는데, 잊을 수 없는 추억이네요."

창원 내 다른 아파트에도 정감 어린 풍경이 가득했다. 같은 회사 사람들이 모인 사원아파트라면 말할 것도 없었다.

조형규 창원대 교수는 어린 시절 내동 효성중공업 사원아파트에서 살았다. 내동국민학교에 다녔는데, 학교 마치고 5층 집으로 올라가면 층마다 '이제 오냐' 하고 반겼다. 아파트 사람들은 때마다 닭을 잡아 같은 동 사람들끼리 나눠 먹었고, 늦게까지 다른 집에서 놀다가 아내에게 핀잔을 듣는 일도 일상다반사였다. 아파트 뒤는 중공업 단지였는데, 점심시간이면 음악이 흘러나왔다. 보통은 대

중음악을 틀었지만, 어느 순간부터는 민중가요나 투쟁가요가 흘러 나오기 시작했다.

"대학에서 현대사를 공부하고 나서야 노동자 대투쟁이라는 걸 알았죠. 어릴 때는 그냥 모든 아버지가 나가서 시위하는 줄 알았거 든요. 한 번은 아파트 같은 열에 사는 친한 친구 아버지가 우리 아 버지와 같은 쪽에 안 서고 멀찍이 팔짱 끼고 지켜보길래, 의아해서 어머니에게 물어본 적도 있었어요. 어렸고 다 친한 줄로만 알았는 데 회사 안에서의 위치가 다르고, 입장이 달라질 수 있다는 걸 어렴 풋이 느꼈었죠."

아파트 밖 원주민의 기억

"창원시가 인구·규모가 비슷한 다른 도시와 비교해 가지는 가장 큰 특징 중 중요한 부분이 이주자가 많은 젊은 도시라는 점이에요. 다양한 생각·문화가 용광로처럼 섞일 수 있었거든요. 세계 역사를 살펴봐도 도시가 번성할 수 있는 가장 큰 동력이 다양성이라는 사 실은 분명합니다. 정치적 성향이 한쪽으로 쏠린 경남에서, 진보 정 당 국회의원이 당선되는 것만 봐도 알 수 있죠. 앞으로도 굵직한 경 제 정책보다는 대중교통 정비 등 개방적인 도시 정책을 펴야 하는 이유입니다."

도시학을 전공한 조 교수의 진단이다. 이러한 관점에서 보면, 당 시 아파트는 팔도에서 모인 다양한 사람들이 실제로 섞이고 녹아 들게 만든 공간이었다. 공적으로는 산업 역군이라는 자부심을 공

황병득 대표. ⓒ이창우

유하고, 사적으로는 이웃의 정을 나누는 동안 서서히 '창원사람'이라는 정체성이 만들어졌다. 아파트 단지가 늘어나거나 고급화하면서 외지 노동자들은 더 좋은 곳으로 집을 옮기고, 세간살이를 늘려나갔다. 이들에게 창원공단에서의 기억이 보람으로 가득한 이유 중 하나다.

동시에 이주단지로 쫓겨간 창원 원주민들과의 이질성은 더욱 짙어졌다. 생업을 잃고 기술도 없었던 원주민 대부분은 아파트가 늘어나도 겨우 지어 올린 이주단지 주택에 머물 수밖에 없었다. 용도 제한으로 묶여 상업 활동도 원활하지 않았다. 이들이 떠올리는 창원공단, 그리고 신도시는 자신들의 희생으로 쌓아 올린 성이었다.

1980년 5월 반송주공아파트 내 설치된 반송동골목유아원에 아이들이 모여 있는 모습. 골목유아원이란 당시 각 지역에 자생적으로 생겨났던 무인가 유아교육시설이다. ⓒ양해광 창원향토자료전시관 관장

외지 노동자들은 때때로 본토박이들과 마주쳤지만, 이런 애환까지는 잘 실감하지 못했다. 이미 창원에는 객지 사람이 훨씬 많았고, 원주민은 소수자에 불과했기 때문이다.

"객지 놈들끼리 다 해 먹어라." 김규동 시인은 동남지역공업단

지관리공단(현 한국산업단지공단 경남본부) 앞에서 리어카를 끌던 한 노인이 뱉은 말을 떠올렸다. 스스로 '창원사람'이라고 느낄 때쯤이었다.

"그전까지는 줄 잘 서서 좋은 회사 들어왔고, 내가 열심히 해서 먹고산다는 생각만 했지, 원래 이곳에 살았던 사람들은 생각해본 적도 없었죠. 나 먹고살기도 바빴으니까…. 그때부터 없어진 동네 유허비가 보이면 일부러 유심히 보곤 합니다."

1980년대 마산 수출자유지역 모습.
©양해광 창원향토자료전시관 관장

공장 밖 마산서
낭만과 청춘 보냈던
근대화 기수들

(19) 남녀 노동자들의 만남

기계공고 시절부터 '조국 근대화의 기수'라는 자부심을 체화한 기능공들이었지만, 샛별 보고 출근해 달빛 아래 퇴근하던 일상에 지치지 않을 도리가 없었다. 기숙사 생활이 불편했던 이들은 아직 개발되지 않았던 원주민 마을에서 자취하거나 아예 마산 쪽에 집을 구했다. 월급날이나 빨간 날(공휴일)이 오면, 논밭만 있던 창원에서 벗어나 마산으로 향했다.

작업복 뽐내며 '홍콩빠' 쏘다니던 시절

'저녁에만 찾아가는 어시장 홍콩빠…(중략)…참 숯불 피워둔 오동동 불갈비집/ 개똥철학 뜬구름 잡아 연기 지피고/ 손바닥 굳은살 맞잡고 위로하며/ 동동주 걸치면서 주고받는 비곗살/ 마산역 옆 옹기종기 민물횟집 놀이마당/ 기적 따라 모여든 팔도 뜨내기들과 /사나이의 의리 찾다 아스팔트 헤딩하고/ 파출소 철창 갇혀 벌금만 축낸 정열…'

-김규동 '세월 2' 중

김규동 시인은 신입 시절에 마산 양덕동 중국집, 수출자유지역 후문 통닭집, 산호동 육교 옆 생맥주 골목, 남성동 홍콩빠에서 보낸 젊은 날들을 잊지 못했다. 그중에서도 '홍콩빠'는 당시 기능공들의 회상에서 빼놓지 않고 언급되는 장소다. 이곳은 단순한 가게 이름

1988년 마산어시장 거리 풍경. ⓒ양해광 창원향토자료전시관 관장

이 아니라 남성동 부둣가(마산어시장 인근)에 형성된 횟집 거리의 별
칭이다. 방파제와 바다 사이 나무판자를 고정해 올린 엉성한 가게
들이 줄지어 있고, 판자 위로 더러운 '콜라 빛' 바닷물이 넘실거리
던 곳이다. 저렴한 안줏거리를 찾던 학생들과 기능공들이 자주 들
락거렸다.

　"기름 묻은 작업복을 입은 채 바로 버스를 탔죠. 요즘 학생들이
대학교 이름 찍힌 단체복을 뽐내는 것처럼, 당시 대기업 작업복을
입고 가면 외상 보증수표였습니다. 일단 외상 내고 술을 먹었다가
월급 타면 갚는 일을 반복하곤 했죠. 외상 갚는 날이면 가게 주인들

1980년대 부림시장 모습. ©양해광 창원향토자료전시관 관장

이 공짜로 술을 쏘는 날도 있었습니다."

시간이 흘러 홍콩빠는 현재의 어시장 모습으로 정비되고 창원에
도 용지동·중앙동·상남동 순으로 번화가가 형성됐다. 강천 동양
코어 대표는 잠깐의 서울 생활을 끝내고 오랜만에 창원에 돌아온
1989년 변화를 실감했다.

"재취업해서 오니까 내동상가(내동), 삼일상가(중앙동), 동성상가
(사파동), 경창상가(상남동) 등 놀 만한 곳이 많이 생겼더라고. 그때
도 큰 회식은 마산에서 하긴 했지만, 우리끼리 먹을 때는 창원에서
해결했어요. 지금은 완전 역전돼 버린 창원-마산 상권을 보면 상전
벽해죠."

1980년대 마산 창동거리 모습. ⓒ양해광 창원향토자료전시관 관장

분식집 아주머니가 양쪽 연결

창원공단이 들어선 이후 창원은 '남성 노동자', 마산은 '여성 노동자'라는 구도가 성립됐다. 1960~70년대 마산 양덕동 한일합섬과 마산수출자유지역에 이미 여성 노동자가 많았고, 창원에는 갓 성인이 된 남성 기능공들이 몰려들었기 때문이다. 김규동 시인은 수출자유지역 후문 분식집 아주머니가 자주 양쪽을 연결해줬다고 했다.

"아주머니께 '이번 주 8명'이라고 말씀드리면 동경전자·동경실리콘·한국TC전자 등 회사 작업반장 전화번호를 주거든요. 그러면 대표들끼리 말을 맞춰서 지금 양덕파출소 옆에 있던 삼일다방, 금

강다방에서 다 같이 놀고 그랬죠. 휴일에는 밀양 삼랑진 낙동강 변 나들이도 갔고, 멀리는 하동 송림 같은 곳으로 1박 2일 단체여행도 떠났습니다."

마산역에서 출발하는 완행열차 안에서 기타 치며 노래 부르는 동안 사랑하거나 눈이 맞는 남녀가 있었다. 그중에는 백년가약까지 이어지는 사례도 적지 않았다. 당시 수출자유지역 쪽 대표와 약속을 잡던 역할을 주로 김 시인이 맡았는데, 양쪽을 번갈아 보면 누가 누구를 좋아하는지 대번에 눈치챘다.

"고등학교 때부터 객지 생활했던 기능공들은 하나같이 마음 둘 곳 없이 외로웠어요. 어려서 홀로 가정을 책임지던 여공들도 외롭긴 마찬가지였죠. 다들 일찍 돈 벌다 보니 스무 살 되자마자 결혼하는 사람도 있었죠. 집에서 도움받을 게 없어서 다른 사람들처럼 서로 집안 눈치 볼 것도 없었어요. 요즘처럼 서로 이것저것 재지도 않고 마음에 들면 바로 인연을 맺었습니다."

김 시인도 그런 세태에서 예외는 아니었다. 미팅은 아니었지만, 선배 따라 옮긴 교회에서 만난 여인과 24살 되던 해 결혼했다. 강원도에 있는 본가에 데려갈까 고민하던 김 시인에게 어머니는 "네가 정했으면 안 봐도 괜찮다"고 말했다. 지금 같으면 상상도 못 할 일이다.

천금 같은 휴일 일일 찻집 봉사도

젊은 남녀들이 만나서 놀기만 한 것은 아니었다. 순박했던 젊은

1980년대 마산 창동거리 모습. ©양해광 창원향토자료전시관 관장

이들은 일부러 시간을 내 일일 찻집을 운영하기도 했다. 일일 찻집이란 다방 등 가게를 하루 통째로 빌려서 직접 표를 팔아 운영하는 식이었다. 500원짜리 커피라면, 1000원에 팔아 좋은 일에 썼다. 대학생들뿐 아니라 공단의 젊은 노동자들도 함께 이런 문화를 이끌었다. 황병득 티에스테크 대표나 성남주 작가도 그들 중 한 명이었다.

황 대표와 친구들은 수익금으로 연탄을 산 뒤 보육원(현 아동양육시설)이나 양로원 등에 기부했다. 좋은 일에 쓰인다는 걸 알기에, 사람들이 많게는 10장, 20장씩 사가는 경우도 적지 않았다.

"재미있었어요. 수출자유지역 여공들은 직접 운영에 참여하지

1993년 돌섬 관광 인파. ©양해광 창원향토자료전시관 관장

않더라도 6~7명씩 와서 일부러 봉사해주곤 했어요. 우리가 커피를 만들 동안 주문을 받거나 서빙을 해줬죠. 그러면 아무래도 찻집 운영이 더 잘될 수밖에 없죠. 친구 중에는 그러다 연애까지 하는 일도 있었던 걸로 기억합니다.”

성 작가도 창원에 오자마자 선배들을 따라 일일 찻집 운영에 나섰다. 몇 번 하다 보니 ‘일일 찻집’은 많아도 ‘일일 주점’은 없다는 생각이 들었다. 그래서 하루는 나이트클럽을 통째로 빌리기도 했다. 며칠 동안 사전 조사한 후 하루 예상 수익보다 조금 더 많은 금액을 제시하면, 클럽 소유주도 흔쾌히 수락했다. 어차피 일일 주점 운영에 인건비는 나오지 않으니 수익은 보장됐다. 정말 좋은 목적에 쓴다면 오히려 받은 임대료 중 일부를 찬조하는 소유주도 있었다.

"그때는 정말 인간미가 남아있었던 시절이라고 생각해요. 당시 월급이 30만 원이 채 안 됐었는데 나이트클럽 일일 주점에서 번 돈 300만 원으로 홍익재활원이라는 곳에 동물원을 지어준 적도 있습니다. 일일 찻집 관련해 아직 잊을 수 없는 기억도 떠오릅니다. 당시 오토바이 회사에 다니다 보니 직원들이 싸게 구입할 수 있었는데, 한 친구가 사고를 당했어요. 병원에 가보니 다리 두 개, 팔 하나가 부러져 드릴로 뼈에 구멍을 뚫고 있더군요. 작업 반원들 다 데리고 일일 찻집을 열어 그 친구 병원비를 마련해줬었죠."

이때의 일일 찻집 문화는 아직도 일부 사회복지법인들이 이어받아 계속되고 있다.

2000년 새해 첫날에 천주산에서 내려다본 창원 시가지. 낮의 활력이 고요하게 잠든 가운데 길게 뻗은 창원대로가 인상적이다. ⓒ양해광 창원향토자료전시관 관장

문학으로 물은
'산단은 무엇인가'

(20) 다시 묻는 '산단은 무엇인가'

'창원공단의 기억'을 묻어두거나 추억거리로 나누는 데 그치지 않고 공동의 기록으로 승화한 문학가들이 있었다. 공단 조성과 발전 과정에서 겪은 개인적이고도 특별한 경험들은 문학의 형태로 방출하지 않고는 못 배길 것들이었다. 원주민·기능공들의 기억이 풍화하는 동안에도 이들의 노력은 역사로 남았다.

산단, 세계관이 되다

"제대로 된 집안의 자식이 인문학을 할 리 없다." 문학계의 거두였던 김윤식(2018년 작고) 전 서울대 교수가 학생들에게 하곤 했다는 독설이다. 문학가나 지망생들이 모두 '제대로 되지 않은 집안' 출신임을 말하는 것은 물론 아니다. 세계사에서 예를 흔히 찾을 수 있듯, 인문학·예술에 깊이 빠져드는 동기는 '제대로 된 집'처럼 평안하고 순리에 맞는 삶을 벗어난 특별한 경험이기에 한 말일 테다.

창원국가산업단지 또한 어떤 이들에겐 그런 것이었다. '깡촌'이 채 10년이 지나지 않아 국가적 규모의 중공업기지이자 경상남도의 수부도시가 됐다. 수백 년 농사를 이어오던 사람들의 삶이 조각나는 데도 10년이 걸리지 않았다. 산단은 지역의 '법'을 새로 세웠고 삶을 규정했다. 산단 설립과 당시 창원에서의 기억은, 누군가에겐 어느 철학자 말처럼 '신화적 폭력'이었다.

왼쪽부터 고영조 시인, 도희주 동화작가, 김규동 시인. 세 문학가는 창원국가산업단지의 설립 과정에서 겪은 일들이 작품에 동기와 영향을 줬다고 말한다.

시로 푼 정신적 실향

고영조 시인의 작품들은 대다수 그 뿌리가 고향 창원시 귀현리에 있다. 공단의 기억은 '삼십 년 가까운 세월을 산 손바닥만 한 고향 귀현리'를 송두리째 뽑아 버린 사건이다. 고 시인은 이렇게 썼다. '나의 문학은 모두 귀현리가 준 상처와 고통의 선물인 것이다. 그렇게 귀현리는 내 삶의 뿌리였으며, 상실과 아픔이었으며, 지금까지 떠나지 않고 내 곁을 떠도는 유령이기도 하다. 농촌 공동체가 일순간 해체돼 도시 빈민으로 내몰린 기억으로 내 문학은 뿌리뽑힘이라는 새로운 자각을 하게 됐다.'

귀현리를 중심으로 창원에서 연원한 그의 시 곳곳에는 불도저가 파헤친 귀현리의 붉은 땅과 같은 '트라우마'적 심상이 묻어 있다. 산업화의 바큇자국 위에 남은 절망·분노·상실감 등의 감정은 시 '형벌'에 가서는 체념 어린 실소에 이른 듯하다.

농부들은/ 너무 많은 일을 했다/ 나라에서는 이를 어여삐 여겨/ 모든 일손을 놓고/ 쉬게 했다/ 몇 푼씩 보상비를 나눠주고/ 물걱정 농사걱정을 깡그리/ 잊게 했다/ 그들이 뿔뿔이 흩어져/ 쓰레기를 줍던/ 영세민 아파트에서/ 눈꼽낀 눈으로 멀뚱하게/ 고향을 생각하든/ 알 바 아니었다/ 다만, 먹고 자고 빈둥거리는/ 갈곳없는 긴 형벌을/ 관리들은 가가호호 선심 베풀며/ 나누어 주었다/ 누가 빠질세라 골고루

-고영조 '형벌' 중

동화와 산업화가 무슨 연관이 있을까. 도희주 작가에겐 있다. 도 작가에게 공단의 기억은 '단절'이다. 모자란 것 없이 살던 연덕리가 산단 건설로 철거되고 난 뒤, 도 작가 가족은 이전으로 돌아갈 수 없었다. 하지만 그만큼, 도 작가에게 고향 연덕리와 그곳에서의 기억은 더 아름답고 눈앞에 보이듯 선하게 그려진다. 도 작가의 초기 동화작품에도 그 흔적이 남았다. 도 작가는 "흙에 관한 이야기가 많았어요"라며 "시골·자연 배경이 다수였고, 풍경 묘사도 어린 시절 연덕리의 추억을 많이 빌렸죠"라고 말했다.

초기작인 '귀뚜라미 음악회', '여왕 개미의 우울증'에서 그 일단이 엿보인다. 도 작가는 영원히 갈 수 없으나 여전히 살고 있는 고향 그곳을 아래 시로 전했다.

세상 어디에도 없는 그 길/ 지금도 가끔 찾아간다/ 여덟 살/ 설날 나흘 앞두고 셋째 동생 태어나/ 떡쌀 지게 지고 방앗간 가는 아버지 따라/

기어이 불린 쌀 한 됫박 이고 나섰다/ 시린 발 돌부리에 걸려/ 겨울 보리밭엔 하얀 메밀꽃이 피어났다/ 쌀 쏟은 게 죄인 양/ 이마에서 피가 흘러도 꾹꾹 울음 삼킬 때/ 괜찮다며 지게 세워 놓고 눈물 닦아주신 아버지/ 그 뒤로부터/ 동네의원에서 다섯 바늘 꿰맨/ 숭터를 이마에 달고 쪼그마한 여자애는/ 창원군 웅남면 연덕리 49번지 속구 웃동네/ 그 골목을 쏘다니고 있다/ 아직도

-도희주 '숨터' 중

빛나는 듯 어두웠던 성장통 녹여

산단의 '빛'도 창원 문학에 스몄다. 기능공으로 창원에 와서 40년을 일하며 문학으로 박사모까지 쓴 김규동 시인이 예다. 엄혹한 군사정권기, 노동자가 밝은 세상만 봤을 리가. 김 시인의 작품에는 당시의 영광과 애환이 함께 녹아 있다. 김 시인은 말했다. "사는 게 고달프니까, 해소 방안으로 틈틈이 쓰던 것들이 문학이 됐죠. 문학 공부를 왜 계속했느냐. 열등감이죠. 현장에서 워낙 차별이 심했으니까. 왜 자꾸 '나는 조국 근대화의 기수다'라고 했느냐면 스스로 자부심이 없었기 때문이었죠. 그걸 좀 치켜세우려고….."

당시 젊은 노동자의 심정을 아래 시에서 엿본다.

양덕동 중국집 문지방 걸터앉아/ 돈벌이가 뭔지도 모르는 새내기들…(중략)…자장면 눈물 비벼 구겨진 청춘 먹고/ 수출 후문 통닭집 비닐장

판 위에서…(중략)…강소주 들이키며 닭똥집 안주삼아 희비의 쌍곡선 감다가 또 풀어놓고/ 산호동 육교 옆 생맥주 골목에서/ 어쭙잖은 사랑 앓이 컵 넘치게 따르고/ 낭만 없는 설움 세차게 몰아치면/ 어깨를 동무하고 희망 찾아 넘는 자정

-김규동 '세월1'

정성기 경남대 교수 "산단 성취 세계사적 의미"

지금까지 살펴봤듯 창원산단이 지역과 주민에게 끼친 영향은 막대하고, 동시에 그 음영은 복합적이다. 창원시의 산업·노동에 오래도록 관심을 쏟아온 정성기 경남대 부동산경제금융학과 교수에게 산단의 의미를 물었다.

정 교수는 설명했다. "창원산단의 성취는 세계사적 의미를 지닐 정도로 큽니다. 산단은 한국형 근대화 혁명의 성공이었고, 중심국·선진국 도약의 발판을 마련하며 마산수출자유지역과 함께 '합포만의 기적'을 이룬 것이지요. 또 산단은 방위산업 발전을 특화해 자주국방 능력을 강화하고 남한이 남북 체제 경쟁에서 우위를 점하는 데 일조했죠."

그는 이어 산단의 그늘에 관해서도 평가했다. "창원의 공업화는 세계적으로도 드물게 대규모·급속도로 진행됐죠. 순식간에 3개 면 원주민들의 전통적 삶이 해체되면서 상부상조·자연친화적 공동체 문화와 마을 자치 역량이 소멸됐죠."

정성기 교수

정 교수는 '창원공단의 기억'을 기록해야 하는 이유를 설명했다. "지금 우리 역사는 독재적 산업화, 부마·6월 항쟁으로 대표되는 민주화를 거쳐 선진국에 진입했습니다. 그런데 막상 와 보니까, 롤모델로 삼은 서구 선진국이 정치·경제·사회에서 많은 문제를 일으키고, 사회와 문명의 지속가능성이 의심되는 상황이 눈앞에 들이닥친 것이죠. 이런 상황에서 우리 지역 역사를 되돌아보면서 어떻게 여기에 와 있는지, 어디로 가야 할지를 생각해 봐야겠지요."

끝으로 그는 이렇게 말했다. "창원 개발·도시화의 과정과 전후의 기억을 각계가 협력해, 한국형 산업화의 큰 콘텐츠로서 체계적으로 발굴하고 기록할 필요가 있습니다. 개발의 성과는 살리고 전통적 공동체 가치관도 회복할 수 있도록 말입니다. 이로써 지역과 세계에서 다양하게 일어나고 있는 갈등과 위기 해결을 모색했으면 합니다. 〈창원공단의 기억〉은 그 본격적인 작업의 단초가 되겠죠."

부록 1. 창원국가산업단지 약사

1962년

1월 13일   제1차 경제개발 5개년계획 발표

1월 20일   <공업지구조성을 위한 토지수용 특례법> 제정

1970년

3월 16일   마산수출자유지역 지정

1973년

1월 12일   박정희 대통령, 연두기자회견에서 중화학공업 입국정책 선언

1월 30일   오원철 청와대 경제수석 <중화학공업화정책 선언에 따른 공업구조
　　　　　　 개편론> 대통령 보고

2월　　　　 중화학공업추진위원회 설립

4월 7일　　 박정희 대통령 기계공업기지 예정지로 창원 시찰, 입지 선정

9월 10일   창원종합기계공업기지 건설계획 확정

12월 24일   <산업기지개발 촉진법> 제정, 공포

12월 26일   창원종합기계공업기지 웅남1·2동 조성공사 개시

1974년

2월 1일　　 산업기지개발공사 설립

4월 1일	창원·여수·여천·온산·옥포·안정·죽도 산업기지 개발구역지정 고시
3월 18일	기아기공(현 현대위아) 입주
4월 17일	한국기계공업공단(동남산업단지관리공단, 창원·울산·온산·안정단지 관리) 설립
5월 4일	삼미특수강 입주
7월 30일	효성중공업 입주
8월 9일	세방전지 입주
10월 31일	금성사(현 LG전자) 입주

1975년

12월	<공공용지취득및손실보상에관한특례법> 제정
12월 13일	대우중공업(현 두산인프라코어, 대우조선해양) 입주

1976년

7월 27일	현대정공(현 현대모비스) 입주

1977년

2월	양곡지구 조성 시작(1982년 12월 29일 준공)
3월	두대근린지구 조성 시작(1981년 9월 30일 준공)
12월 13일	중심지구(1~15공구) 조성 시작(2004년 12월 31일 15공구 준공)

1978년

6월 8일	반송지구 (1~7공구) 조성 시작(2004년 12월 31일 7공구 준공)
	가음정지구 (1~3공구) 조성 시작(1988년 12월 16일 3공구 준공)
8월 25일	효성기계(현 KR모터스) 입주
11월	지귀지구 조성 시작(1985년 12월 20일 준공)

1979년

3월 26일   두산기계(현 두산인프라코어) 입주

7월 17일   토월지구 조성 시작(1986년 7월 1일 준공)

1980년

5월 29일   용지지구 조성 시작(1985년 3월 5일 준공)

5월 23일   명곡지구(1~2차) 조성 시작(1987년 1월 19일 준공)

1981년

12월 7일   퇴촌지구 소성 시삭(1987년 7월 13일 준공)

1982년

4월 6일   의창지구 조성 시작(1999년 6월 29일)

1983년

2월   명서지구 조성 시작(1987년 1월 19일 준공)

7월 16일   사파지구(1~3공구) 조성 시작(1987년 7월 23일 1공구 준공)

8월 31일   기아정기(현 현대모비스) 입주

1984년

9월 29일   삼성중공업 입주

1986년

3월   대원지구 조성 시작(1997년 8월 23일 준공)

4월 21일   대우자동차(현 한국지엠) 입주

7월 29일   상남지구(1~3공구) 조성 시작(1998년 12월 31일 3-1공구 준공)

1988년

8월   대방지구(1·3공구) 조성 시작(1998년 12월 31일 3공구 준공)

1992년

용원지구 조성 시작(1998년 12월 31일 준공)

부록 2. 원주민 마을 편입 약사

마을	편입 사업	보상·철거·이주	이주지
용동	창원대 부지조성사업	1981~1988	사림·신월동
신리	중심지구(8공구)	1977~1984	사림동
용지	용지지구-중심지구(4공구)	1977~1978	중앙동
신기	중심지구(9공구)	1977~1978	중앙동
중앙·시장	중심지구(9·12공구)	1977~1997	중앙·사파동
고산	사파지구	1983~1998	사파동
신덕	사파지구	1983~1998	사파동
사파정	사파지구·토월지구	1983~1987	사파동
새치골	상남지구(3-2공구)	1986~1999	사파동
가음정	제1단지-가음정지구	1973~2010	불명확
외동	제1단지-중심지구(7단지)-산재병원	1973~2004	중앙·사파·대원·남양동
상동	중심지구(11공구)	1977~1986	중앙동
성산	창원남중학교 부지조성사업	1974~1980	중앙·대원동
양지·음지	대방지구(1·2·3공구)	1988~1998	대방동
안민	제2단지(안민지구)	1977~1982	봉곡동
남산	제1단지-가음정지구(2공구)-대방지구(3·4공구)	1973~1998	봉곡동
입석	성주단지(1차)	1978~1985	봉곡동
외리	성주지구	1999~2010	사파·성주동
내리	성주지구	1999~2010	성주동

마을	편입 사업	보상·철거·이주	이주지
천선	성주단지(1차)	1978~1985	봉곡·사림동
성주	성주단지(2차)	1978~1997	봉곡·사림동
불모산	성주지구	1999~2010	성주동
연덕	제2단지	1977~1986	대원·봉곡동
정리	제2단지	1977~1997	봉곡동
목리	제2단지	1977~1997	대원·봉곡동
내동	제1단지·기능대학·기술훈련원 등 교육부지	1973~1981	봉곡·명서동
남지	제2단지(안민지구 일부)	1977~1998	대원·봉곡동
야촌	제2단지(안민지구 일부)	1978~1985	대원·봉곡동
상복	제2단지	1977~1986	봉곡동
완암	제2단지(완암지구)	1977~1982	봉곡·사림동
해정	삼동단지	1976~1986	대원동
두대	두대지구	1977~1981	대원동
삼동	제1단지·삼동단지·대원지구	1973~1998	대원·명서동
창곡	차룡단지 창곡지구	1979~2000	중앙동
반월	차룡단지 반월지구	1979~1998	중앙·사림·사파동
월림	차룡단지 월림지구	1979~2000	사림·봉곡동
적현	적현단지	1975~1983	중앙동
목장	-	존속	-
봉산	-	존속	-
신촌	양곡지구	1977~1982	신촌동
양곡	양곡지구	1977~1982	신촌동
상명곡	명서지구	1983~1987	명서동
서곡	명곡지구	1980~1998	명서동
지귀	명곡지구	1980~1998	명서동

마을	편입 사업	보상·철거·이주	이주지
반송	반송지구	1978~1979	명곡동
대봉	지귀단지	1978~1986	봉곡동
소봉	지귀단지	1978~2006	봉곡동
퇴촌	퇴촌지구	1981~1987	사림동
상촌	창원대 부지조성사업	1981~1982	용호동
평산	차룡단지	1979~1998	팔용동
죽전	차룡단지	1979~1998	팔용동
부곡	차룡단지	1979~1998	팔용동
사화	용원지구	1982~1999	팔용동
용산	용원지구	1982~1999	팔용동
용원	용원지구	1982~1999	명서동
차상	제9탄약창 탄약고 설치	1974년 이전	자율 이주
귀현	귀곡단지	1974~1978	대원동
귀곡	귀곡단지	1974~1978	대원동
귀산	귀곡단지	–	존속

창원 유허비

위치 : 창원시 의창구 반송동 산51-5 용지호수공원 내

건립 : 1993년 12월 31일

　아득한 선사의 하늘 땅에서도 배달겨레의 나라가 태어날 장백의 이마에 천지가 고여 있었듯, 우리 고장 북에 천주를 주봉 삼아 한때 대도

호부였던 구읍 창원면을 비롯 동으로 봉림·불모산을 줄기한 상남면과 웅남면은 장백산맥을 등뼈하여 미처 이름 없을 뿐 기름진 들판에 곡초들이 자랐었다.

산고수장으로 남천강은 흘렀으며 어드메서 쇠를 달구는 대장장이의 불길과 땀방울이 번득였고 소곤소곤 백성들 잠 깰 무렵이면 멀리서 새벽을 아뢰는 닭소리 들렸어라.

몇몇 곱절 천 년일지라도 흘러간 시간이란 불어간 한 자락 바람! 국파산하재(國破山河在)라도 성춘초목심(城春草木深)이나 초목인들 흥망이 유수려니 그렇듯 대대로 뿌리박고 살아오는 동안 산야엔 누루한 무덤이 남고 자손들은 새로 나서 성장하여 맥맥한 겨레와 향토의 푸른 역사는 핏줄과 사실로서 고이 흘러 남았다. 스무 해 앞서 사월에 산업기지 개발지역 고시 후 창원과 상남면은 신도시 건설로 새 계획도시화했고 웅남면 일대는 기계공단으로 밤낮 돌아간다.

누에가 자라매 헌 껍질 벗듯 옛 묵은 가름들을 어울려 창원 수부시로서 새로 세워 이제 조상님들 제신이 돌아오셔도 고장이 낯설고 춘추로 성묘하던 봉분인들 헐려 옮아져 북망을 따로 찾을 길 없는 정신적 실향의 애석을 달래고자 세 해 앞서 삼면 대표들의 삼원회가 발족돼 기념상징 될 조형물 건립의 뜻을 내자 시 등과 창원상의가 주축된 창원유적기념탑비건립추진위로서 거향(擧鄕)적 사업화하고 강원의 심산에서 비신과 서울 성종사에서 창원대종을 빚어와 여기 창원유허비를 세웠다. 무릇 역대 선령께의 위령이자 재향민 모두가 번영에의 염원을 담은 셈이로고. 보라! 저 아래 잠잠한 용지 물엔 철 따라 연꽃들도 피어나고 더 먼 곳 아련한 안개 속에 반룡의 산능선은 우람하다.

진 말의 전원시인 도연명은 벼슬을 버리고 고향엘 돌아가 밭을 갈았고, 영시인 워즈워스도 드디언 고향의 호반에 살면서 애향심을 찬미했듯 저기 솔숲 먼당에 자리한 사향의 쇠북소리가 울려 번지는 조국강산에 지령인걸을 가꾸어 나랄 도우리라.

단기 4326년 12월 31일

창원의상징물제작 및 유적기념탑비건립추진위원회 세우다

가음정 옛터

위치 : 창원시 성산구 가음정동 130-8 기업사랑공원 내

(앞면)

가음정 마을 옛터

가음정 마을 옛터에 우리의 애환과 그 넋을 새긴다.

예부터 덤정이라 불리웠던 가음정은 동굿(東), 안골(中), 서안골(西)로 이루어져 있었고 서쪽 나지막한 산 아래에는 못안이라는 작은 동네도 있었다. 비음산 정기를 받으며 병풍처럼 둘러싼 당산 밑 양지바른 터에 자리 잡았던 풍요로운 마을 가음정.

마을 앞에는 넓은 들판에 맑은 남천내가 흘렀고 장복산 불모산을 비롯한 명산들로 에워싸인 한 폭의 그림 같은 곳이었다. 이처럼 산 좋고

물 좋은 곳에서 서로가 이웃하며 다정하게 살아온 아름다운 삶의 터전
이었건만 1970년대부터 신도시로 개발되면서 2011년에는 그 옛 모습
이 사라졌다. 이에 역사적 지리적 자취를 되새기며 후손들이 이곳을 찾
게 되면 가음정 사람들의 삶과 얼이 깃든 곳임을 알리고자 함이다.

가음정 마을에서 태어나 자란 모든 이들과 그 후손들이여!

어느 곳에서라도 긍지와 자부심을 가지고 어둠을 밝히는 빛이 되소
서.

자손만대에 무궁한 영광을 기원하면서 우리 가음정 사람들의 슬기와
뜻을 정성껏 모아 여기에 유허비를 세운다.

서기 2013년 12월 16일

가음정 마을 원주민회 일동

(뒷면)

그리운 가음정

진달래 붉게 물든 봄산

짙은 소나무 향기에 꿈을 키우던

시냇물 따라 청보리 향기 풀씨 냄새 맡으며

동무들과 정겨웠던 논두렁

미나리꽝을 지나 나들이하시던 어머니의 치마폭

태풍 같은 비바람도

대수 지던 날 앞내끌에 넘쳐흐르던

흙탕물도 그리웠다.

드넓은 벌판에 벼가 쑥쑥 커가는 동안

갱비랑 산태바우에서 멱감던 아이들은

얼마나 즐거웠던가

아득한 석기시대 조개무지인 줄도 모르고

흙장난하고 놀던 언덕

황금들판의 풍요를 노래하며

잔치 벌이던 떠들썩한 목소리들

팽이 썰매 자치기 연날리며

우정과 기상을 키웠던 땅

비바람 눈보라 배고픔에도

지칠 줄 모르고 솔밭등 너머로

학교 가던 당당한 발걸음

모두 이 땅에서 축복받은 한 핏줄

한 식구 다정했던 이웃들

아름다운 산야

호방했던 사람들

그리운 덤정

가음정

글 호원숙

고산(高山)부락 유허비

위치 : 창원시 성산구 사파동 33-20 고산정어린이공원

건립 : 2005년 1월

고산 마을의 옛터

이곳은 창원의 관적(貫籍) 성씨인 창원 황씨 집성촌으로서 400년 가까운 세월 동안 이어온 정든 고산마을의 옛터이다.

비음산 정기를 이어받은 쉼대골(비음산약수터)에서 발원한 시냇물 소리를 들으며, 토월공원 산의 남향 기슭에 자리 잡은 마을로 1600년 대 초 창원 황씨 선조에 의하여 마을이 만들어진 이후 마을명이 최초에는 괴정(槐亭)에서 고산, 괴산(槐山)으로 다시 고산으로 부락명이 변천을 거치면서도 삶의 터전으로 대대로 번성하여 왔다. 그러나 1970년대부터 시작된 산업화의 물결 속에서 정겨운 옛 고향 마을의 모습이 사라지게 되어 그 아쉬움을 달래기 위하여 조상의 얼이 서려 있는 이곳에 표를 하오니 고산마을에서 태어나 자란 모든 후손들이여 고산인의 자부심과 긍지를 간직하고 지역사회 발전에 기여하는 삶을 누리소서!

귀곡·귀현 옛터

위치 : 창원시 성산구 귀현동 103-6 녹지

　귀곡, 귀현은 산성 산자락을 배산으로, 합포만을 임수로 품어 안은 아름다운 갯마을이었습니다. 이 마을은 오백여 년간 조상대대로 살아 온 땅이었으나 1970년대 중반 현대양행 부지로 개발되면서 243세대의 1021채 집이 헐리고 1207명이 고향을 등지고 떠났습니다. 이곳은 어패류와 계단식 논밭, 9만 평 규모의 포도농사를 짓던 반농반어의 마을이었으며 해풍을 머금은 청포도와 흑포도는 그 맛이 일품이었습니다.

공공시설은 삼귀초등학교(1942-1978), 동사무소, 갱생원, 마산남성동 천주교회공소, 성결교회, 장로교회 등이 있었습니다. 교통편은 유일하게 마산으로 가는 배편 웅남호가 있었습니다.

저희가 뜻을 모아 이곳 고향 언저리에 실향의 그리움을 가득 담아 유적비를 세웁니다. 부디 오시는 길마다 옷깃을 여미며 고향과 조상을 경배하고 그리운 사람들의 이름을 한 사람 한 사람 간절히 부르며 회향하시기를 빕니다. 우리의 고향 귀곡, 귀현은 영원히 그대의 가슴 속에 살아 숨쉬게 될 것입니다.

2013년 12월 16일
삼귀향우회 세우다

금담부락 옛터

위치 : 창원시 의창구 팔용동 147번지 공원 내

　금담(金潭)인의 옛 삶터인 이곳은 신라 개국 원훈 창원 임향조는 배필문으로 분성 배씨의 집성촌을 시작으로 마을이 형성되었다 한다. 300여 년의 유구한 역사 속에 조상님들의 삶과 애환이 서려 있는 곳으로 웅장한 천주산의 정기와 창원역을 삶의 터전으로 생각하고 1945년 해방과 더불어 여러 성씨와 여타 지역에서 교통의 중심지 창원역을 배경으로 농업과 상업을 공유하면서 난세를 이겨낸 님의 향기가 어려있는 금담인의 옛 삶터가 바로 이곳이다.

금담이라는 한자의 의미와 더불어 금빛 나는 연못 한 번 모이면 흩어지지 말자는 취지와 달리 1987년 창원시가 추진한 서상지구 토지구획 정리사업으로 이주 당시 총 120세대 중 몇 세대만 다시 정착하고 나머지 세대는 인근 지역에 새 삶을 마련하였다.

오늘 우리는 금담의 의미를 300년의 세월이 흘러 사람의 본질을 다시 한번 새기고 조상님들의 얼에 깊이 감사하고 아름다운 문화와 풍습을 길이길이 후손에게 남기고 우리는 담(潭)의 음훈이 가르치는 한곳에 모이자는 의미를 후손들에게 영원히 새기고자 이 비문을 남긴다.

후손들이여 마을은 사라지고 복잡한 도시의 빌딩 숲속이지만 한쪽 아늑한 휴식공간에 금담의 글자를 새겨 선조들의 후손인 우리가 1990년 금담선후회를 결성한 32명은 한결같은 애향심으로 번영회 동회계와 더불어 향기가 어려있는 이곳 만남의 장소를 만들고 선후배님들의 사랑이 영원토록 한곳에 모이는 금담인이 되길….

2010년 5월 30일

금담선후회 일동

남산마을 옛터

위치 : 창원시 성산구 가음동 28 남산고등학교 앞 대방녹지공원 입구

대암산 정기와 남산천의 맑은 시냇물

사방을 둘러싼

드높은 산들은 조상의 꿈과 숨결이며

우리들의 이상과 현실이어라.

어릴 적 뛰놀던 추억들.

아스라이 사라진 고향의 옛 기억들.

지금은 잘 정돈된 울타리 되어 사랑과

정만이 넘쳐 흐르네.

1973년 산업기지개발촉진법에 따라 정들었던 고향, 돌담집의 모습은 1995년에 모두 사라졌으나 이제 이곳에 현대식 건물로 자리 잡아 이웃과 더욱 화목하게 인정 넘치는 마을로 변해져 있네. 남산 마을에서 태어나 자란 모든 이들이여 어느 곳에 가더라도 우리 남산인의 자부심과 긍지를 안고 윗사람을 항상 공경하고 아랫사람을 사랑으로 보살피고 지역에 봉사하고 어두운 곳을 밝게 하는 빛이 되소서.

2001년 2월 10일(신사년 정월 열여드레)

남산마을 주민이 세우다

남지 유적지

위치 : 창원시 성산구 성주동 520 남지사거리

　산은 장복, 내는 남천, 마을은 남지(南支).

　이곳에서 우리가 태어났고 자랐고 뜻을 세웠다.

　장복에서 기개를 배우고, 남천에서 여유를 배우며, 남지의 흙과 자연에서 인간을 배웠다.

　선조 대대로 우리는 그렇게 살아왔다. 바람이 불어도, 비가 내려도, 가뭄이 들어도, 그 시절엔 가난했지만 정다웠고, 눈물을 흘리면서도 즐거워했다.

　하루가 다르게 뻗어나는 조국 근대화라는 공업화와 고도성장의 역사적 물결에 400여 년 지켜온 남지를 넘겨주고, 우리는 더러는 이웃 마을에서 더러는 객지에서 각자 새로운 터전을 닦아왔다.

그러나 뼈를 묻은 조상님들의 영혼과 우리들의 뒷바라지에 허리 휜 아버지의 한숨과 여읜 어머니의 땀과 눈물이 묻어 있기에 우리는 하루도 고향 남지를 잊어 본 적이 없다.

그 고향을 잊지 못하는 정과 향수를 한 조각 돌에 새겨 징표로 남기고 우리 남지 사람들의 마음을 영원히 이 돌에 남겨두고자 한다.

1990년 5월 2일

경상남도 창원군 웅남면 남지리

남지를 아끼고 추억하는 이들

내동(內洞) 유허비

위치 : 창원시 성산구 내동 394-11 교육단지 입구 사거리 옆 공원

　내동은 해치산, 망개산, 정미산 3산의 정기가 가득한 곳에 오백여 년 전 선조님들이 정착하여 현재까지 이어져 온 만고의 고향땅이며 20여 성씨의 기상이 어우러져 서로를 위한 행복한 삶을 이뤄온 보금자리며 쉼터였고 우리 선조님의 얼을 이어 후손들이 수백 년의 역사를 이어온 내동!

　산 위에서 내려다보면 창원시 전경이 한눈에 들어왔던 경치 좋은 곳, 우리 내동은 유난히도 고개가 많았답니다. 동쪽으로 용지고개, 동남쪽으로 망개고개, 남쪽으로 토곡고개, 북쪽으로 바산넘어고개 등이 유일한 교통수단이었던 내동, 이러한 향취와 정이 넘쳤던 내동(창원)에 공단이 들어섰습니다. 이로 인해 내동인은 모두가 이주민이 되어 뿔뿔이 흩어져 향수를 그리고 살아가고 있는 내동인이여!

옛 모습과 지형은 그대로 남았으니 고향의 그리움이 생각나면 가족과 함께 언제든지 여기에 오시어 우리 선조님이 오백여 년간 유지해온 풍요로운 삶과 정을 이웃과 함께 나누며 살아왔던 내동의 향취를 느껴보시기 바랍니다. 내동인의 향토애와 자긍심을 가지고 선조님들의 흔적이 내동 향우인 후손들에게 뿌리가 되어 이어가기 위해 이곳 내동에 유허비를 세웁니다.

2006년 11월 2일

내동향우회

대방 유적비

위치 : 창원시 성산구 남양동 37 남산초등학교 옆 남양열린운동장 입구

대방유적비

　오향(吾鄕) 북방은 천주산맥이 동남으로 뻗어 정병 비음 대암 불모산 준령을 병풍같이 이루었고 대암산 하단에 아늑한 분지가 큰 배와 흡사하여 대방이라 고명(古名)하니 배의 좌우 균형을 위해 양지 음지 마을이 전거하였다. 마을 남방은 장복산이 둘러 있고 서편엔 옥녀산발형의 준산(峻山)이요, 북편에 간동곡이 수석 청결하고 서편엔 사채곡이 수

려하여 고어의 '송하문동자(松下問童子)존사채약거(尊師採藥去)'란 전설이 있다. 이곳은 토질이 사석으로 조악하여 농경에 부적하나 천작으로 마련된 신비한 곳으로써 '원봉양자손지명당(元奉養子孫之明堂)'이라 굳게 믿어 사농선민이 천년 고기(古基)를 이루고 성순소박하게 살아온 터전이다. 이웃의 경사에는 형제같이 기뻐하고 불상(不祥)에는 육친같이 슬퍼하였으니 황금이 비록 귀하나 옛 정의에 비하겠는가. 만상은 변화함이니 갑인(甲寅) 도시화도 일조에 옛 고토가 사라지니 노유가 애석하고 돌아가신 옛 선령은 어느 곳에 의지할꼬. 허전한 마음 금할 길 없어 고향의 향수를 위로하고 후생에게 전하고자 여러 유지의 뜻을 모아 여기 와석(瓦石)을 세워 외로움을 의지할 따름인저.

서기 2001년 신사 12월 24일 수(竪)

(대봉림) 유지 불망비

위치 : 창원시 의창구 사림동 85-1 느티어린이공원 내

대봉림(大鳳林) 마을유지(遺址) 불망비(不忘碑)

웅장하고 근엄한 자태로 우뚝 솟은 정병산의 정기를 받아 병풍처럼 아늑하게 둘러싸인 봉림산 자락에 우리 선조들이 자리 잡고 자손 대대로 살아온 대봉림 마을이다. 8세기 말 신라 46대 문성왕 시에 현욱조사가 창건하여 구산선문의 중추였으며 창원문화의 발상지로 알려진 봉림사가 있었고 또 큰 봉황이 살았다는 유서 깊은 고장이다.

마을은 웃각단(윗각단), 서작골(서재골), 아랫각단으로 이루어져 주민 모두가 미풍양속을 중하게 여기고 상부상조의 미덕으로 오순도순

살아온 정겨운 마을이었으나 국가시책에 의거 창원공업기지 조성으로 1978년 농지와 1984년 가옥이 전부 편입되어 새로 만든 택지로 이주하였으며 일부 주민은 생활 여건상 부득이 타지로 이산(離散)하게 되어 실향민이 많이 생겼다.

이에 우리 이주민은 조상들의 얼과 숨결이 스며 있는 대봉림 마을의 유래를 마음속에 깊이 간직하여 영원히 잊지 않기를 다짐하고 우리 후손들의 무궁한 발전과 번영을 기원하면서 이 비를 세운다.

부기(附記) : 유지는 현 위치에서 서북쪽 약 1km 지역임

2009년 8월 15일

대봉림 마을 이주민 일동 글 김종관

도계 옛터비

위치 : 창원시 의창구 도계동 389 도계체육공원 내

　이곳은 창원군의 중심지인 도계 마을의 옛터였다. 지금은 창원시 도계동으로 이름 지어져 창원시 최적의 주거지역 공간으로 변모하였으며, 특히 다른 동과는 달리 옛터에서 다른 곳으로 옮기지 않고 현재의 모습으로 형성된 창원시의 유일한 동이다.

　봉림산의 줄기로부터 태복산을 병풍 삼아 아름다운 산수를 자랑하던 옛 모습은 나날이 높아져 가는 빌딩숲에 가려 추억 속의 장면으로만 남아 있어 아쉬움을 더하고 있다.

양달과 음달 사이에 있는 냇가에서 물장구치고, 가재, 미꾸라지 잡던 추억, 뒷동산에 올라 잔디썰매 타며, 보릿고개의 아픔도 잊을 수 있었던 도계동의 옛 추억들은 수십 년의 세월 속에 묻혀가고 있다. 죽마고우들과의 추억을 되새기고, 후손들에게는 조상의 얼이 서려 있는 이곳에 도계 마을 역사의 흔적을 기리고자 한다.

도계인의 자부심과 긍지를 간직하고 함께 웃고 울던 그 시절, 그 추억들 가슴 속에 담아 노래하며, 우리는 도계마을 유래를 후세에 전함과 아울러 조상의 음덕과 얼을 기리고 원주민과 후손들의 무궁한 행복을 천지신명과 조상의 정령께 기원하면서 창원시의 도움으로 여기에 비를 세우고 이를 새기고자 한다.

2008년 10월 1일

도계마을 향우회 일동

동산마을 옛터

위치 : 창원시 성산구 상남동 89-1 상남공원 내

"동산마을"은 약 150여 년 전부터 자연촌락을 이루어 본동과 농막
골, 새치골, 산수골, 반수골에서 약 50여 호가 옹기종기 모여 농경을
주로 하며 정답게 살던 곳으로 우리들의 태를 묻어 삶을 이은 터전이요
우리들의 영원한 고향이다.

"동산마을"은 비음산이 동쪽에서 동산과 농막골을 지나 동뫼에 닿았
고, 남으로는 듬정산에서 새치골과 산수골을 경계로 마당뫼에 앉았으
며, 남서로는 듬정산에서 산수골을 안고 앞산갓으로 솟아 마을 앞을 지

켰다. 마을의 젖줄인 앞개울은 대방천에서 새치골과 마당뫼를 지나 홈포와 마을 앞을 구비쳐 반수로 흘렀고, 뒷개울은 살푸정에서 작은 공굴을 지나 동뫼뜰의 정자나무를 스쳐 상남장터에서 앞개울과 만나 남천으로 흘렀으며, 마을을 가로지르던 신작로는 진해로 가던 철길과 만났다.

어머니 품속같이 아늑한 "동산마을"은 1997년 국가산업단지 배후도시의 건설로 인하여 마을 전체가 철거되고, 지금은 창원의 주거 중심지로 탈바꿈했지만 다행히 동뫼와 마당뫼가 소나무밭과 함께 공원으로 남아 옛 마을 터를 지켜주고 있다.

옛 "동산마을"의 터가 바라다보이는 이 곳 마당뫼에 우리들의 염원을 모아 고향을 기리는 이 빗돌을 세움으로써 옛 마을 사람들과 후손들의 만남터로 마련하여, 애틋한 향수를 달래고 따뜻한 정을 나누며, 우리가 살던 옛 고향의 정서를 되찾고, 조상들이 남긴 족적을 영원히 후손들에게 이어지게 하고자 한다.

글. 이기찬

2011년 12월 31일

동산마을 옛터 빗돌건립추진위원회

두대(斗大) 유적비

위치 : 창원시 의창구 대원동 109 대원레포츠공원 내

두대애향비문

　조국 근대화와 공업입국의 터전으로 바쳐진 동네. 이제는 그 아름답던 산천은 사라졌으나 여기서 태어나 같이 웃고 따라 울던 우리의 벗들은 조상대대로 후손들과 함께 두터운 정으로 길이 남을 것이다. 벗들이여 우리가 어디서 무엇을 하든 고향은 변함없는 우리의 향토이시다. 그

러기에 우리의 하나로 엉킨 한결같은 우정을 여기 돌에다 소롯이 새겨 영원히 잊지 않으려 한다. 먼 고개 바라보며 가난을 쟁기질하던 그 날이 그립거든 여기에 자주 들러 발전하는 우리의 고향 두대를 영원히 기리자. 우리의 핏줄 우리의 젖줄 우리의 사랑 두대.

서기 1997년 9월 일

문학박사 박홍길 지음

송운 장기영 씀

마디미 기림비

위치 : 창원시 성산구 상남동 24 상남동 분수공원

(뒷면)

여기는 우리의 영원한 어머니인 마디미의 옛터이다.

그 옛날 「마디미」는 정겨운 동네 「두도미, 시장, 중앙, 상동」 마을로 어우러져 있다가 조국 근대화의 텃밭이 되어 아름다운 산천은 사라지고 정겨운 얼굴은 흩어졌으되 여기서 태어나 자란 우리들은 여기에 푯돌 하나를 세워 그리운 옛정을 마음에 길이 새기려 한다.

「마디미」는 이곳에 있었던 마치 되〔升〕를 품고 있는 말〔斗〕 모양의

「마되바위」에서 유래하였는데 「말＋되＋미(마을을 일컫는 뒷가지)→
마되미(ㄹ 떨어짐)→ 마디미(홀소리 바뀜)」로 된 이름이다. 그런데 이
「마디미」를 억지스런 한자말로 「말」을 「두〔斗〕」로 뜻 빌림하고 「되」를
옛 발음 비슷한 「도〔刀〕」로 「미」를 「미〔米〕」로 소리 빌림하여 「두도미
〔斗刀米〕」로 적었던 것이다.

이곳에서 삶의 숨결을 같이한 모든 분들이여 우리는 언제 어디서나
우리 마디미의 자랑을 갖고 참되게 살아갈지어다.

2004년 5월 11일

마디미기림비건립위원회

명곡 옛터

위치 : 창원시 의창구 명곡동 575-2 명서공원 내

　등명산(무등산) 자락 아래 역사와 전통을 가지고 300여 년간 70여 가구가 창원군 창원면 동쪽에 모여 삶의 터전을 이루며 살아왔던 명곡 마을이 1970년도 기계공업의 요람으로 발전하면서 1981년도에 일부는 명곡동에 정착을 하고 나머지는 뿔뿔이 헤어지게 되었다.

　우리 조상들이 살아왔고 우리가 뛰어놀던 정든 산과 들… 산바람과 강바람이 여울이 되기도 하고 자운영 핀 언덕에 풀피리 꺾어 불며 옹기 종기 모여서 정단을 쌓던 우리!

뒷동산과 안산, 조갈내, 샛골, 간닥질, 쌍샘, 갯고랑, 들마지기, 염창, 앞내 등 그 이름마저도 우리들의 기억 속에 희미하게 사라져가고 있구나. 그래서 뜻 있는 명곡마을 동민들의 이름으로 간닥질 골짝에 수런한 세월 앞에 변해버린 논두렁 밭두렁 흩어진 추억을 고깝게 여미듯 명곡의 이름으로 표징을 남긴다네.

글 김철곤

2007년 12월 옛 명곡동민 일동

목동(木同) 유적지 영세불망비

위치 : 창원시 성산구 완암로 84 LG전자 창원2공장 내 고목나무 옆

(옆면·뒷면)

　우리 고장 목동은 이 지대를 교남의 승지라고 한다. 북으로 천주산
이 동남으로 뻗으면서 정병산 정기를 이어받아 불모산 영봉이 장엄한
위용(威容) 용이 하늘을 오르는 듯 다시 천주산을 향하여 높은 산 낮은

봉우리들이 병풍처럼 둘러쳐져 있다. 성주계곡은 수석이 명미(明媚)한 곳 그 흐르는 물 백천이 합류하여 남천내 되어 남면 들판을 굽이쳐 흐르면서 서편 한 모퉁이를 뚫고 바다와 연결된다. 이 고장은 기후풍토가 좋아 살기 좋은 낙원지이다.

유구한 역사에서 이곳 유래가 전해온 것은 400여 년이다. 임진왜란 때 초토가 된 땅에 분성 배씨와 밀양 박씨가 다시 터전을 마련하고 그 후에 초계 변씨, 김해 김씨, 연안 김씨, 연안 명씨, 동래 정씨, 밀양 손씨, 의성 김씨, 경산 전씨, 달성 서씨, 상산 김씨 등 여러 성씨가 모여서 산 곳이다. 목동 향양재는 오랜 전통의 한문서당이며 덕천계곡은 풍치 좋은 곳이오 2000년 전 창건된 성주사는 이 나라의 흥망성쇠를 같이한 유서 깊은 사찰이다. 조국 근대화시책에 따라 산업기지개발로 지정된 지역에 산을 파고 내를 막아 공장이 들어서고 배후도시 건설되니 상전벽해로 변한 형국 옛 자취 볼 수 없네. 목동유적지로 보존케 된 이 당산림은 우리 조상들의 얼이 심어져 있는 곳이며 장복산신을 모신 제단으로서 매년 음력 정초에 동민들이 산신제를 봉행하고 국태민안을 기원하며 자손만대의 번영을 염원하든 곳이다. 이 당산림이 훼철될 위기 직전에 놓였다가 잔존케 된 것은 동 유지들의 노력에 의한 것이다. 조국의 엄숙한 명에 따라 우리 동민들은 온갖 비통을 안고 지남지북(之南之北)으로 떠나가는 이산민이 되었다. 조상대대로 면면히 계승해 오던 고토가 형적도 찾아볼 수 없으니 이 엄연한 현실 앞에 실의와 감회를 감출 길 없어 이 비를 세우고 망향의 그리움을 달래면서 매년 이날에 모여서 기념코저 한다. 동민들의 간곡한 청을 사양하다 못해 삼가 이 글을 쓰다.

목동의 연혁 동 초창기는 목리 정리(井里) 상리(上里) 지구가 합동(合洞)이고 연대 380여 년 전 서기 1800년경 창원부 남면(南面) 진목정(眞木亭)의 표기 있음. 서기 1910년경 창원군 웅남면 목리로 개편됨. 서기 1973년 7월 1일 마산시에 편입되었다가 서기 1980년 4월 1일 창원시로 승격함.

서기 1980년 4월

분성인 배익구 근서(謹書) 동민 일동 수비(竪碑)

반송리(盤松里) 유지 기념비

위치 : 창원시 성산구 반지동 51 반지동 소공원 내

(옆면·뒷면)

여기는 아득한 옛적부터 조상들이 대대로 안주하던 유서 깊은 고장
이다. 동으로부터 정병산, 불모산, 장복산, 반룡산, 천주산이 병풍처럼
둘러선 창원분지의 중앙지로서 정병산성에서 발원한 푸른 시냇물이 용
추계곡을 거쳐 창원천에 이르면서 반송 옥야의 젖줄이 되고 다시 남천
과 합류하여 봉암 모퉁이를 돌아 마산만으로 들어간다. 기후풍토와 산

수경계가 인간생활에 적정하여 영남에서 손꼽히는 명승락지이다. 이곳이 우리 선조들의 삶의 터전을 마련한 년대는 문헌에 미비하나 이전 삼동동 고가유적과 외동산성 구가유적 및 6.25사변 중 해병교육훈련장 시설공사 때 동리 앞 해병대에서 발굴된 고대 부장품 등으로 미루어 볼 때 가락국 시대에 이미 촌락을 이루어 살고 있었다고 추정된다. 임난 직후 남원 승씨가 이 마을에 상주하면서부터 신송촌이라 불리다가 조선조 영조 때 어사 박문수가 지방 순찰차 이곳을 지나다가 한 반송나무 밑에서 쉬면서 사람 살기 좋은 곳이라 하여 이후로 반송촌이라고 부르게 되었다고 구전해 오고 있다. 반송리는 큰땀과 새땀으로 나뉘어 큰땀은 지금의 세광교회에서 반지동사무소까지의 양지쪽으로 길게 자리 잡았고, 새땀은 그 앞 구릉 남쪽에 위치해 큰땀에는 보성 선씨 풍천 노씨 인천 이씨 밀양 박씨 김해 김씨 연안 김씨 등이 새땀에는 여흥 민씨 남평 문씨 경주 이씨 등 여러 씨족이 백여 호의 마을을 이루어 순박한 기풍으로 근면성실하고 수분지족하면서 화기애애하게 보람찬 삶을 누려왔다. 또한 예의와 문교를 중히 여겨 효도 선행의 인물이 배출하여 반지동 66번지 일대를 효자모퉁이라 불렀으며 숭경(崇慶)학교를 창설한 이상철(李尙喆) 선생의 유택과 이상홍(李尙洪) 선생이 건립한 반송서재도 이곳에 있었다. 그리고 봉림사 분사의 유지였던 봉암골은 현재의 럭키아파트의 자리였는데 아파트 건립 전까지는 그 초석과 층계석 및 석탑의 파편이 산재해 있었다. 반송정은 수질과 물맛이 좋고 수량도 풍부했으며, 종도천(種稻泉) 즉 씨나락샘터는 큰 한발에도 물이 샘솟아 묘판 용수로 유명했는데, 지금도 럭키아파트와 반송아파트 주민이 각각 지하수를 개발해 식수로 사용하고 있다. 그 밖의 약샘골, 가자골, 다리골, 쟁기도리, 감투바위, 주막걸, 병둔, 대구바다, 밭등(橙), 밤정(井), 모래골, 강골등 등은 조상대대의 땀과 체취와 발자취가 서린 들판들이다.

1973년 7월에 창원면 상남면 웅남면이 마산시에 편입되고 다음 해 4월에 공업단지 조성과 배후도시 건설로 인해 계획도시로 변모하고 주민생활상도 농촌에서 도시 형태로 전환되어 옛 자취는 완전히 사라졌다. 1979년 우리 반송동민들은 국가 발전의 계획에 협조하여 누대로 정들어 살던 고토를 떠나 새로 조성된 택지로 이주하고 일부는 생업을 위해 본의 아니게 산 설고 물 선 타지로 이주하여 많은 실향민이 생겨났다.

1980년 4월에 상기 마산시에 편입된 삼개 면이 창원시로 승격되어 창원시 반송동으로 개편되고 다시 인구 팽창으로 인해 1991년 8월 21일자로 단독주택지역은 반지동으로 분동되어 동명마저 상실하게 되니 참으로 상전벽해의 감개가 무량하고 이에 우리는 반송리의 유래를 길이길이 후대에 전함과 아울러 고향의 발전과 원주민 및 그 후손들의 무궁한 행복을 천지신명과 조상의 정령께 축원하면서 이제는 흩어져 살아갈 수밖에 없는 반송인들의 뜻을 모아 이 기념비를 세운다.

1992년 8월 15일

인천 이일은 짓고

인천 이봉수 쓰다

(봉림) 유허비

위치 : 창원시 의창구 봉림동 502 창원봉림피닉스포레 뒤편(302동-303동 사이 뒷길)

　여기 봉림마을이 형성된 것은 지금으로부터 1200년 전 통일신라시대 불교 선문구산인 봉림산문의 중심사찰인 봉림사가 창건되므로 함께 마을이 생겨났다.

　원주민으로는 전주 리씨, 김녕 김씨, 김해 김씨, 밀양 박씨, 남원 양씨 등이 일가를 형성하여 농사를 주업으로 생을 영위해 왔다. 그러다가 서기 1978년도에 창원기계공단이 조성되므로 그 배후도시로 농토의 7

할이 편입되고 그 이후 서기 2005년에 공동주택 사업부지로 조성되었으니 상전이 벽해되어 공기 좋고 산 좋고 땅 좋고 물 맑은 내 고장이 사라지고 만 것이다.

여기에 우리 원주민은 그 옛날 정감을 이기지 못해 만대 무궁토록 전해지도록 돌에 새겨 전하고자 한다.

서기 2010년 경인 6월 30일

부곡 옛터

위치 : 창원시 의창구 반계동 1106-1

부곡 옛터

효령대군 13대손 휘(諱) 명린(命麟) 호(號) 모헌공(慕軒公)께서 입향하여

이곳에서 터전을 이루었다.

팔용산 정기가 서린

서재골과 안산 솔밭등

숲속의 바람소리 불변한데

함께 오손도손 문전옥답 일궈온 동민들은

창원공단으로 지정되면서
오랜 역사와 삶의 애환이 서린
정든 고향 땅을 떠났다.
이젠 옛 모습들 찾을 길 없으나
이 옛터를 함께 보존하여
영원한 뿌리로 삼아
전 부곡민들의 「얼」로서
자부심과 긍지로 영원히 빛날 것이다.

2011년 11월

옛 부곡 사람들 모두가 뜻 모아 세움

불모산동 옛터

위치 : 창원시 성산구 성주동 545-1 성주수소충전소 옆 도로변

불모산동 옛터

이곳은 창원시 불모산동 마을 사람들이 살았던 옛터이다.

이 마을은 금관가야의 시조 김수로왕의 부인 허황옥이 일곱 아들을 입산시켜 승려가 되도록 함으로써 칭하게 되었다는 전설이 있는 불모산의 북서쪽에 위치하고 있으며, 동쪽으로는 용지봉이 있고, 그 기슭의 건천은 하늘에서 내려오는 냇물처럼 끊임이 없어, 마을 사람들은 그 물로 주로 농사를 짓고, 근면성실하게 생활하면서 서로 기쁨과 슬픔을 늘 함께하여 행복하게 살았던 곳이다.

이곳에는 모두 91여 가구가 살았으나, 1974.4.1 산업기지개발 구역

지정고시(건설부 고시 제92호) 1999.7.1 성주동(삼정자, 불모산 지구) 개발 사업 실시계획 승인·고시(경남고시 제1999-131호)가 각각 이루어져, 2008.11.11부터 철거를 시작함으로써 마을 사람들은 우리 고장 창원의 더 큰 미래의 발전을 위한 배려의 마음으로 집, 전답 등 생활 터전을 아낌없이 내어주고 이곳을 떠났다.

그리하여 이곳 마을 사람들은 조상의 얼과 지난날 아름다운 추억을 가슴에 묻고, 그 발자취를 남겨두기 위하여 다 함께 그 뜻을 모아 유적비를 세우니 불모산인으로서의 긍지와 자부심을 가지고 이곳을 기념하리라.

2012년 2월

불모산동 주민 일동

(뒷면)

불모산 마을옛터

여기 불모산마을은 북서쪽에 위치하고 있으며, 동북에는 용지봉이 있고 보리밭등 삼밭골 달디먼등에는 정자가 있고, 밤밭등, 미세등, 김해낭글, 상한골, 남쪽에는 개욱산이 있으며, 불모산마을은 남쪽 양지바른 쪽을 바라보고 위치해 있으며 정겨운 이름들과 어울어져 공씨, 김씨, 문씨, 박씨, 백씨, 서씨, 송씨, 안씨, 우씨, 유씨, 이씨, 전씨, 조씨, 최씨, 황씨 등의 씨족들이 남쪽을 바라보며 집장촌을 이루어 대대로 살아왔다.

불모산마을은 풍요로운 농경지 생활에다 옛 선비들이 글을 익히고 심신단련을 하며 아동교육과 지역사회 미풍양속의 교화에 중심적 역할을 하였고, 근대에는 영창야학교를 거쳐 현재의 성주초등학교의 전신인 상남제2심상소학교가 설립되어 신교육의 중심적 역할을 하기도 하였으며, 교수와 공무원, 교직자, 종교인, 실업인, 의료인, 개인사업자, 기업인 등 많은 인재들이 배출되어 국가사회 발전에 크게 기여하기도 하였다. 그러나 1974년 산업기지 개발촉진법과 아울러 2008년 11월 11일부터 철거를 하면서 불모산동은 망향의 애환을 가슴속에 안고 역사 속으로 사라지게 되었으며, 새로이 조성된 택지 위에 새 삶의 터전을 일구면서 잊혀져 가는 선조들의 숨결들을 오래오래 기리고자 여기 불모산마을 주민들의 마음을 깊이 새기는 바이다.

2012. 03

불모산마을 주민 일동

사파정 옛터

위치 : 창원시 성산구 사파동 109-1 개월어린이공원 내

　여기 사파정 옛터에 유허비를 세워 1988년 실향의 상처를 가슴에 묻고 고향을 떠난 600여 주민의 애향의 정을 새긴다.

　사파정(沙巴丁)의 고명은 사파정(沙芭亭)으로 동서로 구제촌(舊悌村)과 개월촌(開月村)이 마주하여 500여 년 동안 농사를 지으며 살아온 삶의 터전이었다.

　강정지, 나름산제, 장가터, 포고남정, 문동골, 새옛들, 새치골, 소산재, 문바우, 사뒤 담장뒤, 굴바우, 청용박걸, 언더발등, 절터골, 불곡사 등 옛 지명이 구전되고 있으며, 고향은 신도시로 건설되어 옛 모습은

사라졌지만 우리의 후손들이 이곳을 찾으면 조상의 슬기와 얼이 깃든 곳임을 알리고자 함이다.

서기 2002년 3월

사파정 주민

사화 옛터

위치 : 창원시 팔용동 533-7 운암서원 주차장

사화 옛터

등명산 해 돋아 사화들 밝으면

반룡산 푸른 정기 골마다 비치네

서재갓 메등걸 할아버지 할머니

당산 할매 복받은 동네 아이들

황두말 국시당 새미골 내달릴 때

냇방천 똥메 위로 무지개 서네등너머

주막걸 갯바람 옛이야기 전할 때

서마지기 논 언덕 새참 자리 정겹고

대문안 찬새미 너머 조갈내 성암땅

황토길 나뭇짐에 진달래꽃 할미꽃

정겨움과 그리움 가득한 우리 옛터

영영세세 대대손손 길이 남으리

2007년 12월 1일

사화동민

삼귀 애향비

위치 : 창원시 성산구 귀곡동 754-2 용호마을 입구

애향비를 세우며

이곳 귀현 귀곡 귀산은 오래 전부터 우리 조상들이 농사와 어업으로 터전을 닦았던 아름다운 마을이었습니다.

그러나 1976년 국가가 이곳을 산업기지로 개발함에 따라 귀현 귀곡에 살아왔던 삼백여 세대 천오백여 명의 주민들은 정든 고향을 남겨두고 떠나게 되었습니다.

우리는 마음을 모아 선조들과 이웃의 숨결이 살아 있는 여기 고향의 바닷가에 차마 떠날 수 없었던 애틋함을 담아 애향의 비를 세우나니 부

디 후손들이 해마다 잊지 않고 이곳에 와서 경건히 고향을 기리기를 기원합니다.

1995년 10월 일

삼귀 향우회 세우고 한국중공업㈜ 협찬하다

삼동(三東) 유허비

위치 : 창원시 의창구 삼동동 220-3 삼동공원 분수광장 옆

비문

남천은 휘돌아 들녘을 살찌우고 마을 앞 논밭에는 오곡이 풍성하였다. 야산이 병풍처럼 둘러서고 노송이 우거진 제등산(齊燈山) 자락에 웃깍단, 아래깍단, 돌박깍단, 노산골로 삼동이 이뤄졌다.

논밭을 일구고 자손을 기르며 정겹게 살아오기를 어언 370년. 1974년, 이곳에 국운을 건 창원공업공단 기지사업으로 90여 가구 삼동사람

들은 논밭을 내어주고 이웃과도 헤어지고 이 정든 고향 땅을 떠났다.

이제 고향은 옛 모습을 잃어 거대한 공단으로 바뀌었지만 살아온 행적을 찾으려는 삼동사람들의 열망과 창원시의 도움으로 선조와 우리들의 숨결이 스며 있는 이곳에 삼동의 삶의 자취를 기념하여 이 유허비를 세운다.

2005년 10월 30일

삼동 유허비 건립위원회

삼동 향우회

삼정자동 내리마을 옛터

위치 : 창원시 성산구 삼정자동 196-1

(앞면)

　대암산의 정기 아래 삼정자동 내리마을이 조상대대로 혼과 숨결이 여기 이곳에 있었다. 어릴 적 뛰놀던 추억들 아스라이 사라진 고향의 옛 기억들 잘 정돈된 울타리 되어 사랑과 정만이 넘쳐 흐르네.

　현대화 개발정책에 따라 정들었던 고향 돌담집 모습은 2009년에 모두 사라졌으나 이제 이곳에 현대식 건물로 자리 잡아 옛 모습은 사라지고 새롭게 변했네. 삼정자동 내리마을에서 태어나 자란 모든 이들이여 어느 곳에 가더라도 건강하고 우리 삼정자 내리마을의 자부심과 긍지를 갖고 윗사람을 공경하고 아랫사람을 사랑으로 살피고 지역에 봉사하고 어두운 곳을 밝히는 빛이 되소서.

2012년 2월

삼정자동 내리마을 주민들이 세우다.

(뒷면)

유허비

여기는 우리 삶의 터전이요 숨결이 깃들어 있는 우리의 뿌리인 어머니와 같은 삼정자 내리마을의 옛터이다.

동쪽으로는 불모산동, 서쪽으로는 남산동, 남쪽으로 천선동, 북쪽으로 가음정동·대방동과 접한다.

1914년 행정구역 통폐합에 따라 삼정자리가 되어 창원군 상남면에 편입되었다가 1973년 리가 동으로 바뀔 때 마산시에 편입되면서 삼정자동으로 바뀌어 마산시 남부출장소 관할이 되었다. 1976년 창원지구 출장소 관할이 되었으며, 1980년 창원시의 신설로 창원시 삼정자동이 되었다. 삼정자란 명칭은 마을에 정자나무 3그루가 있다는 데에 연유한다.

문화재로는 삼정자동 마애불(경남유형문화재 98호)이 있다.

커다란 자연암석에 조각된 전형적인 마애불로 통일신라시대의 작품으로 추정되며, 결가부좌의 자세로 머리와 불신 뒤로 각각 원형의 광배를 갖추고 있으며, 파도처럼 생긴 여러 겹 조각한 커튼 양식의 대좌가 특이하다.

우리 선조들의 피와 땀으로 일구며 서로 간 정겹게 살아온 이 땅 삼정자 내리마을도 근대화와 도시의 발전 과정에서 창원공단의 배후도시로 개발되면서 계속된 삶을 유지하기 어려워졌으며, 본래 약 120여 가구가 거주하면서 개발의 진행 상황에 따라 여러 차례에 걸쳐 이주를 해오다가, 2008년 이후 그나마 남아 있던 약 40여 가구 모든 주민이 인근 지역으로 새로운 삶의 터전을 찾아 완전히 떠났고, 마을의 형체마저 사라졌으며, 이에 이 땅에 바탕과 뿌리를 둔 많은 사람들이 마음의 고향에 대한 향수와 한없는 연민으로 매년 여기에 모여서 그리움을 달래고 정다운 정을 나누고자 이 빗돌 하나를 세우고, 언제 어디에 살더라도 이곳에서 지난날 삶의 숨결을 같이해온 모든 분들에게 정자나무 사람들의 긍지와 꿋꿋한 기상을 후손들에게 길이길이 이어가는 만남의 장소로 삼으려 한다.

2012년 2월

삼정자동 내리마을 주민 일동

삼정자동 외리마을 옛터

위치 : 창원시 성산구 성주동 128-2

(앞면)

삼정자리 외리마을 옛터

무심한 세월 속에 흥망성쇠 말이 없어 세상만사 생겨났다 소리 없이 사라지니 삼정자리 외리마을 초가삼간 돌담길에 따스했던 선조님들 발자취가 끊기었네. 밤먼디이 정자나무 시원한 그늘 아래 무더운 땀 식히시던 어른들의 그 모습들 달디이 등너머에 둥근달 떠오를 때 안가태평 소원 빌던 어머님의 그 얼굴들 도시개발 거센 물결 그리움만 남겨놓고 아련한 추억 속에 눈물 되어 사라졌네.

상전벽해 새 터전에 보금자리 새로 틀고 새집 지어 또 세월이 먼 훗날로 흘러갈 때 아득한 옛날부터 되살아 들려오는 따스한 그 숨결들 우리 어찌 잊으랴.

사라짐도 새로움도 하나같이 받아들인 선조들의 온고지신 깊은 얼 이어받아 이 자리에 또 다시 남김없이 되살아나 새로운 고향으로 환생할 때 기다리며 이 땅 위에 정성 어린 기념비 우뚝 세워 우리들의 망향의 정 깊이 새겨 두노라.

2012년 2월 일

삼정자리 외리마을 주민 일동

(뒷면)

삼정자리 외리마을 옛터

여기 창원시 삼정자동은 그 지명이 대파쌍정자리에서 유래하여 쌍정자리로 되었다가 영남읍지에 삼정자리로 기록되었다. 삼정자리는 외리마을과 내리마을이 있어 여기가 외리마을의 옛터이다.

대암산 양지 자락에 자리 잡은 삼정자리 외리마을에서는 밤나무등, 조산등, 산더등, 서재등, 섯등, 숯부랑, 골안, 지우리, 굴퉁골, 배암골, 부장골, 안산 등의 정겨운 이름들과 어울어져 김해 김씨, 전의 이씨, 연안 김씨, 경주 최씨, 순흥 안씨, 밀양 박씨, 은진 송씨, 경주 이씨, 장수 황씨, 분성 배씨, 인동 장씨 등의 씨족들이 집성촌을 이루어 대대로 살아왔다.

삼정자리 외리마을은 풍요로운 농경생활에다 옛 선비들이 글을 익히고 심신단련을 하던 수월제가 있어서 아동교육과 지역사회 미풍양속의 교화에 중심적 역할을 하였고 근대에는 영창야학교를 거쳐 현재의 성주초등학교의 전신인 상남제2심상소학교가 설립되어 신교육의 중심적 역할을 하기도 하였으며 국회의장, 장군, 교수, 외교관, 공무원, 교직자, 종교인, 실업인, 의료인, 예술인 등 많은 인재들이 배출되어 국가사회 발전에 크게 기여하기도 하였다.

그러나 1974년 산업기지개발촉진법과 1999년 창원시 성주동 택지개발사업에 의해 삼정자리 외리마을은 망향의 애환을 가슴속에 안고 역사 속으로 사라지게 되었으며 새로이 조성된 택지 위에 새 삶의 터전을 일구면서 잊혀져 가는 선조들의 숨결들을 오래오래 기리고자 여기 삼정자리 외리마을 주민들의 마음을 깊이 새기는 바이다.

2012년 2월 일

삼정자리 외리마을 주민 일동

상덕부락 옛터

위치 : 창원시 성산구 신촌동 503-13 공용주차장 입구

건립 : 2014년 10월 9일(유허비 건립추진위)

골말(상덕) 유적지

삼천리 백두대간의 정기가 남으로 뻗어 비로소 장복에 이르니, 장복의 품 안에 오롯이 자리 잡은 아담한 마을 골말이라. 청량한 우물과 인심 좋은 안동네. 너무골의 풍광 또한 수려하니 뒤로는 오진넷골(동네 뒷산)과 앞에는 샌들(상덕과 연덕 사이의 들판)을 접하니 먹거리 또한

충성하였더라. 정사의 기록은 없다지만 출토된 토기의 연원을 살펴본 바 고려 중엽 이전부터 마을이 형성되었다고 추정할 수 있다. 좌로는 창곡과 우로는 완암이라는 큰 동리를 끼고 있으나 정기는 살아 있고 강단이 있으니 훗날 연덕이라는 큰 동리를 잉태하였더라. 내리바우 옆의 진달래밭이 그립고 등냇골 나무하던 시절과 뒷먼당 배꼽마당에서 자치기하던 시절이 그리우나 우리의 꿈과 추억이 기계공업의 요람으로 승화되어갔음을 한편으로 안타깝게 여겨 망향의 슬픔과 일천 년의 동리의 정기를 오롯이 모아 이 유허비 아래 얼이 후세대에 전하길 원하노라.

상동마을 옛터

위치 : 창원시 성산구 상남동 68 중앙체육공원 내

건립 : 2015년 2월 22일

상동마을 옛터 비

이곳은 옛 상동마을 사람들의 옛 터전이었다. 40여 가구 200여 명의 이웃들과, 앞집 형순, 뒷집 광수가 환하게 웃고 정을 나누며 살던 보금자리였다. 서기 2000년 상남 상업지구 택지개발 공사로 말미암아 뿔뿔이 흩어져 살기 이전까지, 상동마을이 언제부터 이곳에 들어섰는지를 정확하게 알기는 어렵다.

내동·성산과 함께 옛 창원군 웅남면 외동리의 한 부락에 속했지만, 정서적으로는 독립된 마을이었다. 역사적으로 외동리는 외모삼리와 관련이 있고, 외모삼리는 1789년에 간행된 〈호구총수〉에 이미 그 이름을 올리고 있음을 볼 때, 상동마을의 역사도 꽤 오래되었을 것이다.

맑디맑은 남천이 흘러 기름진 고장이면서, 가까이 상남시장을 끼고 있어 물산의 집산지였던 내 고향. 무심히 흘러가는 한 조각 구름에서도 그 옛날 아름다운 추억 잊을 길 없어, 옛 이웃들의 뜻에 따라 고향 잃은 지 14년 만에 내 고향 상동마을 옛터 비석을 세운다.

(옛터 비 옆 석조물)

가시리

가시리 가시리잇고 나는

버리고 가시리잇고 나는

위 증즐가 대평성대

날러는 어찌 살라 하고

버리고 가시리잇고

위 증즐가 대평성대

잡사와 두어리마나는

선하면 아니올세라

위 증즐가 대평성대

셜온 님 보내옵나니 나는

가시는 듯 돌아오소서 나는

위 증즐가 대평성대

아래 상동마을 대평성대

글 옮긴이 서호권

상복리(上福里) 유적비

위치 : 창원시 성산구 상복동 589 창원시립 상복공원 팔각정 주차장

(옆면·뒷면)

여기는 경상남도 창원군 웅남면 상복리. 동으로는 불모산과 정병산 북으로 천주산 남서로는 길게 장복산을 병풍처럼 둘러치고 곡창 남면 벌의 젖줄인 남천을 곁에 낀 장복산 지맥인 용산등에 자리 잡은 장장 3000척에 달하는 조상의 땀과 체취로 얼룩진 유서 깊은 우리들의 고토 이다. 이 고장을 삶의 터전으로 삼은 연대는 기록이 분명치 않아 정확 히는 알 수 없으나 장산재 뒤편 고총에서 발굴된 자기로 미루어 고려말

경에 이미 사람이 살았다고도 볼 수 있으나 확실치 않으며 대체로 임진
왜란 이후로 잡을 수가 있으니 거금 390년이 흐른 아득한 옛날이다. 장
산재에서 글을 익히고 학문을 숭상하여 유림들의 출입과 교통이 빈번
하였으며, 군내는 물론 도내에서도 널리 알려진 우리 상복리는 100여
호가 모여 순박한 꿈을 키우며 온후근면한 정신과 애향애족하는 마음
으로 전작(田作) 답농(畓農)에 수분지족하며 힘을 합하고 정을 나누면
서 서로가 서로를 걱정해 주고 도와주는 인정 많은 고장이었다. 이 조
상으로부터 물려오는 만대 유산인 우리 고장은 웃땀과 중간땀 아랫땀
으로 길게 이루어졌으니 웃땀에는 밀양 박씨, 은진 송씨, 풍산 홍씨, 김
해 김씨 성벌(姓閥)들이 중간땀과 아랫땀에는 창원 황씨, 영일 정씨,
밀양 박씨, 경주 최씨들이 벌족을 이루고 대를 이어 살아오다가 1974
년 창원군 일부가 공업단지 조성과 신도시 건설을 위해 새로운 계획도
시로 변모되었고 1980년 4월 1일에 창원군이 창원시와 의창군으로 분
리될 때 상복리는 창원시 상복동으로 개칭되었으며 창원시내 상남 일
대는 주거지 상가 관청지대로, 웅남 일대는 공장지대로 분리 조성되기
시작하여 이웃 목리와 정리 마을이 철거되기 시작하면서 1980년 10월
경에 공장부지 조성으로 우리 마을의 자치는 완전히 사라지고 말았다.
　이로 인해 상복리 주민들은 수백 년 동안 조상의 숨결이 배고 대대로
물려오든 정든 땅을 잃은 실향의 한을 안고 창원시 지귀동으로 집단 이
주하였으며, 일부는 마산 진해 그리고 산 설고 물 선 부산 등지로 생업
을 찾아 본의 아닌 이산을 하게 되었으니, 소멸되는 비운의 절연을 통
탄하며 후손들에게 조상을 영원히 잊어버리는 불효의 큰 죄를 면하게

해주어 그 연을 길이 이어 살게 하므로써 자손만대에 걸쳐 뿌리를 찾아 번창의 홍복을 누리게 하고자 상복리에 살던 주민 모두는 뜻을 모아 우리들의 땅이었던 이곳에 석비를 세운다.

1987년(4320) 12월

추호 황희룡 짓고 칠원인 윤병오 쓰다

내 고향 상촌 땅

상촌·상림·두랑곡

위치 : 창원시 의창구 퇴촌동 69 창원대학교 학군단 옆

(앞면)

　예로부터 이곳은 상촌(上村＝웃안골) 사람들의 터전이었다. 기품 있는 전단산(＝정병산), 거기에서 뻗어 내린 누운등과 똥메산 자락이 마을을 아늑하게 감싸고 있었다. 누운등 동쪽으로 용동이, 소자문(孝子

門) 서남쪽으로 퇴촌이, 돌테미 남쪽으로 상림이 위치했고, 큰 도랑 지나 건넌들 너머에 두랑곡이 있었다.

원래 상촌은 김해 김씨 단산공파(입향조 : 임진왜란 때 전공을 세운 어모장군 김중철 님) 집성촌으로 출발했지만, 딴 파의 김해 김씨, 경주 김씨, 여양 진씨, 동래 정씨, 창원 황씨, 남평 문씨, 창원 구씨 등 다른 집안사람들도 이사와 함께 살았다. 이들은 서로 믿고 의지하면서 소목 고개보다 높은 보릿고개도 헤쳐 나갔다.

1914년 일제에 의한 행정구역 재조정 때 상촌은 상림(上林)과 함께 퇴촌에 통합되었다. 그러나 정서적으로 퇴촌과는 분리된 독자적인 마을이었고, 상림·두랑곡과는 하나의 마을이었다. 이웃끼리 정답게 400년을 살다가 창원대의 이전으로 1982년에 정든 고향을 떠나게 되었다. 대학에 들어간 땅은 자그마치 10여만 평에 이른다. 고향을 잃는다는 슬픔은 이루 말할 수 없이 컸지만, 인재 양성의 대의를 위해 누구 없이 협조를 아끼지 않았다.

흩어져 살게 된 지 어언 25년. 그동안 옛 이웃들은 상전벽해 된 고향 땅에서, '웃안골 큰잔치'를 열곤 하여 향수를 달래어 왔다. 이러한 뜨거운 마음과 창원대학교 측의 배려로 조상님들의 얼과 우리의 숨결이 배어 있는 이곳에 '내고향 상촌땅' 비를 세운다.

2007년 2월 18일 설날
옛 경상남도 창원군 상남면 상촌마을사람들

내 고향 땅이름

산, 고개, 등성이: 수리덤 잿곡 넉바앗등 찔꿉 쏙등 진등 글거등 허문골 방아등(방아달카이) 불탄등 몰똘들(몰똥밭) 쑥구등(쑥구밭골) 소목고개 잿불땅 어그밭등 산골매방지 굿밭등 절앞 붉은등 과수원 뒷등 개밀등 공동산 시골밭 누운등 소자문고개 똥메산 두랑고개

논, 들: 삼밭골 죽도가리 못밭골 뒷골 소자문 뜰깜 서재배이 진배미 솔밭밑 묵답 국논 큰자리 못밑 송지이논 건넌들

바위: 매바구 송구방구 굿방구 부치바구 돼지바구 장사짤갯돌 장사손짚은바구

그 밖: 너들강 배륵박골짝 정냥껄 비석껄 멧등걸 대밭골 통싯걸 구루맛간(구루맛집) 따밭골(깨밭골)

도와주신 곳

창원대학교 웃안골향우회 상촌향우회 웃안골청년회

삼밭골향우회 SK건설 ㈜삼부석재

상촌 연가(戀歌)

수리덤, 굿밭등, 붉은등, 누운등은

상촌의 근간이요

국논, 묵답, 못밑, 큰자리는

우리의 곳간이며

삼밭골, 못밭골, 산골, 뒷골은

우리의 고생골이라네

돌테미 지나 큰도랑 건너 두랑고개 넘으면

대처로 가는 길이요

구루맛간 종종걸음 귀신 난다는 대밭골 지나

뛰는 가슴으로 못둘 오르면 내 고향 상촌이라네!

서곡 옛터

위치 : 창원시 의창구 명서동 35 이슬어린이공원 내

유구한 역사를 간직하고 300여 년간 80여 가구가 오순도순 모여 삶의 터전을 이루며 살아가던 상남면의 서쪽 끝자락 서곡리가 1980년도 공업화의 물결 속에 자취도 없이 살아져 버렸고 우리는 헤어져야만 했다.

우리들이 뛰어놀고, 나무하고, 소먹이며, 농사짓던 정다운 산과 들…. 동뫼, 산수등, 전바위, 서나무, 신바실, 빌미굼터, 단장못, 사대멀등, 염창 등은 흔적도 없이 살아져 버렸고 진등, 진속골, 가마골, 황골, 팔바위골, 봉산논골 등은 남아 있으나 그 이름마저 우리들의 기억 속에 희미하게 살아져 가고 있구나.

이에 우리 서곡리 후인들은 삶의 터전이었던 옛 서곡리 자락 이젠 공원이 된 한 모퉁이에 이 비를 세웁니다.

이 비의 남쪽 약 150m 지점이 서곡리의 본 마을이었고, 명지여고가 자리한 곳에 산 넘어라는 마을 10호가 살던 곳이었으나 희미한 흔적만 있을 뿐이다. 그나마 다행히 옛 선조들이 무예를 닦고 활을 쏘던 사대나무 두 그루가 남아 있어 우리들의 옛 추억을 그립게 하는구나. 서곡의 후인들이여 옛 서곡이 그립거든 이곳에 들러 지나간 추억을 회상해 보자꾸나.

2007년 12월

옛 서곡동민 일동

성산마을 옛터

위치 : 창원시 성산구 상남동 523-1 창원남중학교 옆 공원(대로변)

성산(城山)!

아득한 선사시대부터 조상들이 일구어 온 터밭. 야철지에 정을 빚어 구워내고

패총에 있고 없던 정도 쌓아가며 대대손손 뿌리내릴 만고의 고향땅.

불모산 계곡 하늘 빛 닮아 흐르는 물은 산태방구에서 곱디 고움 자랑하고는 창원의 넓은 들판을 휘돌아 남천으로 흘렀다.

성산은

산태방구와 야철지를 업은 새터, 고인돌 의젓하기만 한 웃각단,

들판의 후덕스러운 아래각단에 육십여 가구 모여앉아 인정만은 만석(萬石)이라 순박하게 살아왔다.

거대한 기계 소리 울리며 공단이 탄생하던 그 날

정든 고향 등져야 하는 이주민의 가슴에 맺힌 한 오랜 세월 삭히고 삭혀야만 했다.

삼십여 년이 지난 지금 오순도순 즐겁기만 했던 지난날을 회상하며

성산 사람들은 영원한 마음의 고향인 이 땅에 그날의 한 승화시키고자 유허비로 남긴다.

2006년 6월 4일

성산향우회

성주마을 옛터비

위치 : 창원시 성산구 성주동 500-5 안민교 옆

　여기는 아득한 옛적부터 우리 조상들께서 논밭을 일구고 가꾸면서 대대로 안주하던 유서 깊은 고장 상남면 천선리 성주마을이 있던 곳이다. 산수 좋은 불모산과 장복산의 서기가 감돌아 맺힌 복된 곳이다. 이곳의 보금자리를 마련한 년대는 문헌으로 확인하기 어렵다. 그러나 성주사 사찰(곰절)이 835년(신라 흥덕왕 10년) 무염국사가 창건한 후 임진왜란 때 불타버린 것을 1681년(조선 숙종 7년)에 중건한 절로서 사

찰 이름을 인용 성주마을로 명명하여 100여 호가 오순도순 살아온 마을이다. 마을 분포를 보면 진해선 철로가 남북으로 가로질러 동쪽에는 위깍담, 서쪽에는 아래깍담으로 나뉘어 있었다. 성주초등학교가 있어 많은 인재를 길러내었고 또 성주역과 스레트 지붕으로 우설(雨雪)을 막아주던 5일장터는(5·10일) 번영하는 마을의 상징이었고 또 창원과 마산 간의 버스정류장과 동사무소 파출소 농협이 있어 고을 행정의 중심지 역할도 했다. 그리고 양조장 정미소 약국 한약방 이발관 여관 음식점 등이 고루 갖춘 전형적인 도시풍 농촌 마을이었다. 1970년대 초 산업기지 개발 촉진 지역으로 편입되어 국가 발전의 대의에 협조하여 누대로 정들어 살던 옛터를 떠나 새로 조성된 현 사림동으로 다수가 이주하였고 일부는 생업을 위해 본의 아니게 산 설고 물 선 타지로 이산하니 많은 실향민이 생겨났다. 이에 우리는 성주마을 유래를 길이길이 후세에 전함과 아울러 조상의 음덕과 얼을 기리고 원주민과 후손들의 무궁한 행복을 천지신명과 조상의 정령께 축원하면서 창원시의 협조로 여기에 비를 세우고 이를 길이 새기고자 한다.

2008년 9월 8일

성주마을 이주민 향우회 일동

시장 마을 옛터

위치 : 창원시 성산구 상남동 42-1 공원 내 보호수 옆

불모산에서 장복산과 정병산까지 좌우로 이어지는 넓고 깊은 어머님의 품속 같은 이곳 상남면 토월리 시장마을은 400년이라는 긴 역사를 지닌 터전으로 마디미(시장·두도미·중앙·상동마을)로 형성되어 졌었다.

선조들의 삶과 숨결과 애환이 서려 있는 마디미는 기름지고 비옥한 농경지로 인해 품질이 우수한 쌀이 생산되었는데, 시장경제를 중시여

긴 시장마을 선조들은 일찍부터(1910년대) 이곳을 중심으로 곡물과 어물, 종묘, 농기구, 의복 등을 거래하는 재래시장을 형성했다.

그러나 시장마을 선조들이 피와 땀으로 일구어낸 이 터는 조국 근대화의 거대한 물결 속에 창원공단의 배후도시로 개발되고 시장사람들의 삶의 터전은 1997년부터 흔적을 찾기가 힘들게 됐다.

이러한 가운데 대다수의 옛 시장사람들(5백여 세대)은 인근 지역으로 새로운 삶의 터전을 찾아 흩어졌지만, 이 터전에 대한 한없는 연민으로 끝까지 머문 50여 세대의 시장사람들은 선조들의 정신과 얼을 바탕으로 한 새로운 도전으로 창원 최대의 상권인 상남재래시장을 만들어냈다.

시장사람들은 그리하여 강인하고 푸짐한 시장인심을 우리 후손들에게 길이길이 이어주고 정겨운 얼굴과 그리운 옛정을 마음 깊이 새기고자 오늘 이 푯돌 하나를 세우고 고향의 정취를 달래는 만남의 장소로 삼고자 한다.

2010년 7월 24일

상남 시장마을옛터 건립 추진위원회 일동

창원의 중심 신기마을 옛터

위치 : 창원시 의창구 용호동 3 용지공원 내

　이곳은 창원군 상남면 옹지리 신기(새터) 마을 옛터로써 20여 성씨 140여 세대가 살던 곳이다. 마을 연혁은 정확히 알 수는 없으나 신기(新基)로 불리어진 시기는 임진왜란 전후로 보인다.

　마을은 "동뫼산"을 중심으로 웃갓동, 앗갓동으로 형성되었고, 들판은 신기못을 젖줄로 "큰골, 작은골"로 나뉘어 분주하게 살아왔으나 부족한 농토로 보릿고개를 겪으며 후덕한 정을 맺고 살아왔다. 왜정 때는 소나무 기름을 짰던 곳이라 하여 송탄골로 불리었으며, 6.25동란 후 부국강병 정책으로 1957년 1월 23일 해병대 훈련소가 들어서면서 상업과 함께 생활의 여유도 생겨났다. 마을 중심을 연하는 큰 신작로는 해병대 훈련소를 거쳐 창원읍을 잇는 교통의 중추 역할을 하였으며, 동뫼산의 울창한 소나무 숲은 꿈 많은 아이들의 놀이터며, 농번기를 마친 마을 사람들의 한마당 잔치를 벌이던 정서 깊은 곳으로, 동쪽 끝자락에는 수려한 경관을 자랑하던 말바위가 있어 마산만과 들판의 경치를 어울어 심신을 달래던 곳이었다.

그러나 면면이 대를 이어 온 신기마을은 국가 경제개발정책으로 1974년 역사의 뒤안길로 하고 여기에 창원시 청사가 위치하고 KBS방송국, 성산아트홀, 반공전시관 등 국가 주요기관들이 자리하고 있으니, 다시 볼 수 없는 "신기마을" 옛 모습 그 시절의 향수를 그리며 조상의 혼이 깃든 이 땅에 유허비를 세우니 애향을 달래는 만남의 장소가 되어 자손만대 영원 번창하소서!

서기 2014년 5월 17일

신기마을 원주민회 일동

신덕 유적비

위치 : 창원시 성산구 사파동 24-10 토월초등학교 정문 앞 근처 도로변

신덕마을의 옛터

　이곳은 창원군 상남면 토월리 신덕부락의 정든 마을 옛터이며 마을에는 76여 가구가 거주를 하였으며 1980년 10월경부터 철거가 예정되었으며 마을 한복판에는 150년 수령의 포고나무가 있었고 마을 한복판에는 공동우물에서는 아낙네의 대화 장소가 되었습니다. 비음산의 정기를 받아 논밭을 일구고 가꾸면서 대대로 살던 유서 깊은 부락이며

1974년 산업기지 개발촉진법에 따라 철거를 하면서 아름다운 산천은 사라지고 정겨운 얼굴은 흩어졌으며….

그 아쉬움을 달래기 위하여 조상의 얼이 서려 있는 이곳에 유적비를 세우니 신덕인의 자부심과 긍지를 간직하고 지역사회 발전에 기여하는 삶을 누리소서!

2001. 1. 31

신덕마을 동민 일동

신리마을 옛터

위치 : 창원시 의창구 사림동 1-2 경남도청 신관과 경남경찰청 신관 사잇길

(앞면)

우리 고향 신리는 가야국의 숨결이 면면이 이어져 내려오는 인정 넘치고 아름다운 마을이었다. 동쪽으로 진례산성이 방어하고 북쪽으로는 봉림사 터의 불향이 번져오는 평화로운 향촌이었다. 마을 역사를 정확히는 알 수 없으나 임진왜란 전후에 본격적으로 생성된 것으로 보아

400여 년의 역사를 지닌 유서 깊은 곳이다.

　마을에는 16 성씨 80여 세대가 농업에 전념하며 살고 있었다. 그러나 1974년 4월 1일 정부가 산업기지 개발지역으로 고시한 뒤 경남도청과 경남경찰청이 이전해 옴에 따라 주민들은 조상대대로 내려오던 집과 논밭을 수용당해 생업의 터전을 잃고 각 지역으로 분산, 이주해야 하는 아픔을 겪었다.

　그래서 뜻있는 향우들이 유허비건립추진위원회를 조직하여 관계 관청에 건의 승인과 지원을 얻어 옛 신리의 중심에 유허비를 세우고 매년 음력 3월 3일에 조상들에게 제사를 올리게 되었다. 이 비는 후손들이 조상의 고향을 알고 조상을 숭배할 수 있도록 하기 위해 2003년 가을에 세웠다가 경남도청 별관 건립으로 인해 2010년 봄에 다시 이곳으로 옮겼다.

2010년 4월 1일

신리유허비건립추진위원회

(뒷면)

신리마을 옛터

　아득한 옛날 동으로 진례산성 아래 위치한 신리마을은 오랜 역사를 가진 유서 깊은 마을이었다. 80여 세대가 농사를 지으면서 살았는데 1988년 도청과 경찰청이 부산에서 이곳으로 옮겨 오면서 이주하게 되었다.

이에 향인들이 뜻을 모아 옛 마을 중심에 비를 세우고 이를 기리고자
한다.

2003년 12월 22일

옛 신리마을 주민 일동

신안마을 옛터

위치 : 창원시 성산구 남산동 607 남천삼거리 두리교 도로변

건립 : 2015년 1월(신안마을 향우회 주민 일동)

이곳은 창원군 상남면 남산리 신안부락이란 마을 명으로 20여 가구가 옹기종기 모여 조상 대대로 물려받은 농사일로 살아왔던 보금자리 마을! 윗깍단, 아랫깍단으로 형성된 전원적인 마을이었다. 동으로 장복산, 남으로 불모산, 서로는 봉림산, 북으로 비음산과 대암산으로 둘러싸여 기름진 땅에 자리한 조용하고 아늑한 청정의 마을이었으며, 마을 앞뒤로 남천, 불모산천이 삼각주로 아우러져 한 폭의 풍경화와 같

은 아름다운 전원의 마을을 형성하고, 가을이면 황금빛 곡식으로 넘실되고! 동네를 둘러싼 2000여 그루의 버드나무 군락지에서 소먹이며 놀던 향수가 가득했던 동네! 삶의 터전인 옥토에서 쟁기질하시고, 가마니 짜시며 자식농사 지으셨던 우리 부모님들! 그 속에서 동네 아이들은 덧없이 착하고 순수한 인성을 배우며 자랐던 곳! 70년대 우리나라 산업화의 시발로 자자손손 물려받은 기름진 전답과 보금자리를 국가에 양보하고 뿔뿔이 흩어져 40여 년이 흘러간 이 시점에 신안부락의 흔적과 선조들의 얼을 기리고자 여기에 유허비를 세웁니다.

신촌(新村) 애향비

위치 : 창원시 성산구 신촌동 21-1 창원시립 웅남동어린이집 옆

건립 : 2008년 8월 22일

신촌 애향 비문

오솔길이 신작로 문화에 편승하여 남으로는 진해, 북으로는 마산, 동으로는 마디미를 연결하고 동구산이 병풍을 두르고 오봉산의 학이 날개짓하는 이곳 삼거리에 우리의 조상들이 터전을 잡았으니 그 이름 신촌 마을! 남천이 흘러 마산만에 이르는 갯뻘에는 수산물 찬거리도 풍

요로웠다. 그러나 1970년대 조국 근대화의 물결에 밀려 평화롭던 보금자리가 거대한 아파트 단지로 변모하였고 마창대교를 잇는 양곡터널이 또 한 번 교통요지로 태동하도다. 여기 삶의 자취가 스며 있는 터전을 기념하기 위해 이 애향비를 세우도다.

(신촌 애향비 건립 추진위원회)

야촌(野村) 유적지

위치 : 창원시 성산구 성주동 517 한화정밀기계 정문 오른쪽 대로변

   장복산의 정기와 성주사 계곡의 맑은 물이 굽이쳐 자락을 이룬 곳,
여기가 바로 우리가 태어나 자랐고, 선조의 대를 이어 400여 년의 뿌리
를 지켜온 고향으로 1930년대 중반기에 남쪽에 위치한 '남지'에서 행
정동으로 분리되면서 '야촌'이라 이름지었다. 동쪽으로 불모산을 바라
보며 내를 사이에 두고 상남면인 '신안마을'을 이웃하고 서쪽으로 진해
군항의 식수원이었던 '웅남수원지'가 자리하고 있었다. 60여 세대의
마을에는 여러 성씨들이 형제처럼 다정하게 살아왔고, 어려웠던 보릿

고개와 가뭄과 홍수에도 서로가 의지하며 살아왔다. 가난과 어려움에
도 마음은 부유했고 정다웠다. '야촌'의 아름다운 자연 속에서 꿈과 낭
만을 키워 오늘의 '야촌인'이 되었다. 그러나, 역사의 흐름을 역류시키
지는 못하고 정든 보금자리를 1977년 창원공단의 삼성항공㈜에 넘겨
주었다. 이제 실향민으로서 조상님의 영혼과 숨결이 뛰노는 이곳에 고
향을 잊지 못하는 애절한 심정과 향수를 한 조각의 돌에 담아 '야촌인'
의 긍지와 아름다운 정서를 이 유적비에 영원토록 남겨두고자 한다.

1990년 7월 18일

경상남도 창원군 웅남면 야촌마을

글: 김병기

야촌을 아끼고 사랑하는 우리들

양곡마을 옛터

위치 : 창원시 성산구 신촌동 81-9 디엠테크㈜ 맞은편

장복산 줄기 서쪽으로 펼쳐져

그 정기 덕곡산에 머물고

더 넓은 불당골 병풍처럼 휘둘러

유산들판이 우리 앞에 서 있네

덕골 너덜바위 물소리 졸졸대고

동네 어귀 이르러 힘차게 흐르며

그 냇물 남천 만나 바다 되어 가네

자자손손 다시 만나 양곡 만세 만만세

300여 년의 역사 속에 조상대대로 논밭 일구며

자식 길러 이웃과 정겹게 살아왔지만

1974년 국가산업단지 조성으로

20여 가구의 마을 사람들은 고향산천 뒤로 하고

뿔뿔이 흩어졌네

이제 이곳에 기계소리 우렁찬 현대식 공장들이

자리 잡아 우리 경제의 견인차가 되어

힘찬 모습으로 변해져 있지만

옛날의 모습과 기억을 어떻게 다 비문에

새기겠는가

양곡 마을에서 태어나 자란 모든 이들이여

하늘아래 어느 곳에 살더라도 우리 양곡인의

자부심과 긍지를 가지고 윗사람을 항상 존경하고

아랫사람을 사랑으로 보살피며 지역에 봉사하여

양곡의 이름을 영원히 빛나게 하소서

2009년 8월 15일

양곡마을 원주민이 세우다……

연덕마을 옛터

위치 : 창원시 성산구 웅남도 44-6 티아이씨주식회사 입구 왼쪽 도로변

비문 없음.

연덕마을 정착비

위치 : 창원시 의창구 봉곡동 106 봉곡중앙어린이공원 내

비문

아득한 세월 장복산 서기가 감돌아 맺힌 복된 터전에 할아버지의 할아버님께서 일구고 가꾸어 온 곳, 동뫼마을 연덕리(淵德里)다. 마을의 젖줄 남천 옥수에 살찐 아이들은 밤하늘 별을 헤며 해묵은 전설을 먹고 자랐다.

반세기를 넘긴 초등학교가 있었고 우체국, 동사무소가 자리했던 웅

남의 중심 마을이었다. 신작로는 마을을 가로지르고 기름진 들녘, 허수아비가 한가롭던 목가적인 전원!

꿈엔들 잊힐 리야, 우리의 고향 연덕마을!

국가 발전의 상징인 산업공단 기지 조성에 정든 터 밭 모든 것 내어주고 서기 1983년부터 3년간 옮겨온 정착지가 봉곡동이다.

서로가 정으로 부대끼며 대를 이어 살아온 200여 세대 연덕인의 마음을 하나로 뭉쳐, 조상의 음덕과 얼을 기리고 자손만대에 번영과 발복의 뿌리 내리고져 여기, 샛터 복림(福林)의 땅에 정착기념비를 세워 향사(鄉思)의 그리움과 연덕인의 정신을 심는다.

2005년 12월 11일

옛 연덕마을 주민 일동

완암(完岩) 유적비

위치 : 창원시 성산구 완암동 313

비문

완암은 장복산의 높은 기상이 덕천곡(등내골)을 타고 내려와 둥지를 튼 곳이었습니다. 흰 구름을 안고 있는 높은 산의 그윽한 바위들과 암반을 흘러내린 덕천곡(德川谷)의 맑은 물이 동네 복판을 지나면서 깨끗하고 근면 성실한 인간의 품성을 길러 준 마을이었습니다. 참으로 한량 없는 덕을 실은 등내골의 힘찬 물살이 큰 바위를 굴리듯 한때는 천석꾼을 키우기도 하고, 또 남면의 많은 선비들을 모아 가르치며 청고한 이름을 떨친 큰 학자도 낳았습니다. 옛사람들은 이처럼 산 좋고 물 좋은 곳에서 한 오백년 풍류를 즐기고 이웃과 남을 위하고 정을 나누며 살아온 곳입니다.

여기에 공단이 들어섰습니다. 실향민이 된 우리들은 선조들의 깨끗한 삶의 자취와 소먹이며 멱감고 물고기 잡으며 놀던 향토의 아름다운 추억을 간직하기 위해 오늘 여기 모여 기념비를 세웁니다. 이 석각이 고향을 잇는 완암인들의 마음의 이정표이기를 바랍니다.

2006년 8월 15일

완암 원주민 일동

외동 옛터

위치 : 창원시 성산구 중앙동 159-5 근로복지공단 창원병원 옆 대로변

건립 : 2011년 12월 9일

외동마을애향비

우리 마을 외동은 멀리 삼한시대 이전부터 여러 성씨들이 오순도순 살아왔던 유서 깊은 곳 봄이면 당도산 진달래 피고 남천내의 여름은 은어 천렵으로 동무들 해지는 줄 몰랐지 해마다 풍년을 노래하는 팽풍등 들판의 가을이 얼마나 우리를 풍요롭게 했던가 마을을 감싼 뒷동산이 겨울북풍을 막아 당산소나무는 하늘 우러러 안녕을 지켜주던 곳 따뜻

하고 아름다운 마을 같이 먹고 나누던 네모세미는 인정이 넘쳤고 윗깍단 아래각단 이어주던 골목길 한가진 들 정겹지 않으리 남아 있는 동산 고래바위처럼 우리 가슴 속에 영원히 남아 있다.

1975년 국가산업단지 건설로 인하여 이 나라 산업발전 창원의 중심축 중앙동의 근간을 이뤄 수천 년 이어온 민초들의 위대한 자부심의 현장 2000년 외동이주대책에 의하여 100여 세대가 이웃 주거지로 이주하고 아쉬운 마무리로 여운을 남긴다.

외동의 뿌리 깊은 향인들이여 우리들 고향의 추억이 살아 숨쉬는 이곳 외동의 옛 터전 위에 유래와 역사를 알리고 실향의 아쉬움을 달래고자 함이요 함께할 후손들의 번영을 기약하는 여기 단아하게 빛돌 하나 세운다.

신묘년 동짓달 외동마을 애향비건립추진위원회

용동(龍洞) 유적비

위치 : 창원시 의창구 용동 189 창원대학교 공과대학 4호관 뒤편

 이곳은 경상남도 창원군 상남면 용동으로 유명한 용추계곡의 맑은 물은 마을 앞으로 흐르고 북으로 전단산 기슭에 남서쪽으로 당산을 바라보며 자리 잡은 이곳은 용이 승천하였다 하여 용동이라 하였다. 이곳의 삶의 터전은 임진왜란 전으로 400여 년 이어져 왔으며, 마을에는 70여 가구가 농사를 지으면서 살아온 인정 많은 마을이었다. 그러나 우리나라 기계공업 발전에 이바지할 인재 육성을 위한 국립 창원대가

들어서게 됨으로써 1983년부터 부지 조성으로 시작하여 1988년까지 용동민들은 창원시 사림동 신월동으로 집단 이주하였으며 일부는 제 각각 타 곳으로 삶의 터전을 찾아 이주하게 되었으니 그 절절한 감회는 이루 헤아리기 어렵지만 400여 년 아득히 내려온 이 고장의 흔적이 소 멸되니 고향을 그리는 마음과 자손만대에 걸쳐 그 흔적을 남기고자 향 민들의 뜻을 모아 우리들의 터전이었던 이곳에 표적비를 세웁니다.

용동향민들이여…! 다 같이 영원히 빛나기를…!

서기 2005년 5월

용동향민 일동

용산마을 옛터

위치 : 창원시 의창구 팔용동 58-3 공용주차장 내

반룡산 푸른 정기 덤북 받아 힘차게 내려뻗은 밤나무등

아래 자리 잡은 이곳 각성바지 옹기종기 정겹게 살든 곳

앞 냇가(무궁천) 발원지인 천주산 골짝물 반계동 칠선보

이 마을 젖줄 여름이면 뭇 머슴아들 옷 벗어 내던지고

알몸으로 물방기 치며 물에 빠진 새앙쥐 모양 참게 잡고

송어 잡아 잡다 보면 소 떼는 간 곳 없고

철마는 오늘도 쉴 새 없이 달리건만 조국근대화 사업으로

옛 모습 간 곳 없네

눈 감으면 어련히 생각나는 옛 땅

고향이란 포근한 어머님 품속

정겨움과 그리움 가득찬 우리의 옛터

영영 세세 길이 남으리

2009년 8월 15일

옛 용산사람들 모두가 뜻 모아 세움

용원 기림비

위치 : 창원시 사화동 141

여기는 사화 공원, 용원 마을의 뒷메,

조국 공업화에 바쳐진 땅,

눈감으면 어려 드는 우리의 옛터!

냇물과 갯물이 어우르던 모래톱,

질펀한 갯벌 따라 서걱이던 갈대밭.

모챙이 후리치며 꼬시락 잡고 게 쫓던 머슴아들,

곤쟁이 뜨고 재첩 캐며 파래 뜯던 가시나들,

그 풍광 그 정경 그림이요 전설일레.

숨차게 기적 뿜던 유연탄 기차 소리,

배움에 목말라하던 강습 학교 그 동무들,

그리움에 가슴 메는 옛 얘기 들리누나.

고향이란 영원한 우리의 어머니,

이곳 갓골 우물가에 푯돌 하나 다듬어서,

이 샘물 같이 마신 정겨운 모습들이.

함께 웃고 따라 울던 그 사연 새겨 가며,

길이길이 가슴마다 추억으로 노래하세.

2005년 12월 17일

옛 용원 사람들 모두가 뜻을 모아 세움

용지마을 옛터

위치 : 창원시 성산구 중앙동 20-2 여우비공원 내

용지(龍池)마을의 옛터

이곳은 창원군 상남면의 중심인 용지리 본 부락마을의 옛터이며, 미공보원이 자리 잡고 동쪽으로는 신기부락, 삼군의 앞장서는 해병 신병훈련소 지금의 용지호수가 자리 잡고 있었으며 남쪽으로는 중앙부락 면소재지가 자리 잡고 용지저수지에서 용이 자라 용동골에서 승천하였다는 전설에 의하여 용지라는 지명으로 삶의 터전으로 대대를 번성하여 왔다.

1974년 4월 1일 기계공단지구로 지정 산업화 물결로 용지저수지 아래 문전옥답으로 항상 풍년을 기약하는 아름다운 마을 정겨운 정이 항상 흘러넘치는 이웃 그 어려웠던 보리고개 시절도 웃음으로 사랑을 나눈 옛고향 마을의 모습이 사라지게 되어 그 아쉬움을 달래기 위하여 조상의 얼이 서려 있는 이 곳에 유적비를 세우니 용지인의 자부심과 긍지를 간직하고 지역사회 발전에 기여하는 삶을 누리소서!

2006년 11월 12일

월림(月林) 유허비

위치 : 창원시 성산구 신촌동 193 하천가

비문

동산의 산자락에 자리 잡은 월림마을은 400여 년 동안 우리 조상이 촌락을 이루고 살았던 땅이다. 개천가의 아름드리 고목이 하늘을 뒤덮고 맑은 물이 휘돌아 강으로 흐르는 아름다운 동네였다.

주변의 땅은 넓지는 않지만 기름져서 노력하면 부족함이 없었던 곳. 인심은 후하여 같이 웃고 울던 이웃이었으니 월림인에게는 더없이 소중한 고향이다.

　창원이 공업도시로 번창하자 1992년 월림인 100여 가구가 이 땅을 내어놓고 사림동으로 이주하여 새 삶을 꾸렸다. 지난날 이곳에 살다가 타의로 떠난 사람들이 두고 온 삶의 흔적을 그려 동구이던 이 자리에 석비를 세우니 그때가 그립거든 여기에 들려 향수를 달래리라.

2009년 8월 31일

월림을 추억하며 그리워하는 이들이

입석(선돌)인의 옛 삶터

위치 : 창원시 성산구 성주동 23-1 도로변(GM대우 창원공장)

　입석(立石)인의 옛 삶터인 이곳은 조선 숙종 시대인 약 1700년대에 마을로서 형성되어 1980년대에 국가산업공단으로 그 자리를 내어주기 까지 300여 년 동안 조상님들의 삶과 애환이 서려 있는 곳이다. 이주 당시 총 65세대 중 35세대는 창원시 사림동으로 이주를 하고, 타 세대 는 새로운 삶의 터를 찾아 이곳을 떠났다.

　마을 입구에는 200년 수령의 정자나무와 언제 무슨 의미로 세워졌는지 알 수 없는 큰 돌이 서 있음이 마을의 상징이었다. 마을 이름은 돌이 서 있는 곳이라 하여 선돌등으로 명명되었다가 한자의 뜻으로 입석으로 부르게 된 것이며, 현재는 대우자동차 내에 역사의 증인이 된 채 쓸쓸히 서 있다. 우리 마을은 동쪽으로는 불모산의 아침 햇살과 더불어 맑고 깨끗한 물이 몸과 옥토를 적시고, 남쪽으로는 장복산의 정기가 더 높은 기상을 품게 하였으며, 고찰 성주사는 유일한 신라의 문화유산이었다.

오늘 우리는 본 삶의 터전을 떠난 지 20년에 이르러서야 비로소 작은 돌 하나를 세워 여러 조상님들의 얼에 깊은 감사를 드리고, 후손들에게 그 뜻을 길이 전하고자 하는 바이다.

후손들이여! 입석이라는 조그마한 마을은 역사에 묻혀 그 흔적이 지워졌을망정 우리의 조상님들께서 서로 의지하며 난세를 이겨낸 님들의 향기가 어려있음을 생각하라. 그리고 고향민을 사랑하고 또 사랑하여 선돌인의 맥이 영원토록 이어지게 하기를 바라노라.

2008. 11. 8

입석 이주민 향우회 일동

정리 유적지

위치 : 창원시 성산구 성산동 523 상복사거리

　장복산 정기 받아 자락을 이루고 비옥한 앞들 넘어 불모산을 바라보며 좌로는 남천이 흐르고 우로는 상리 뒤에는 목리마을 이웃하고 유달리 물이 좋아 정리라 불리우던 이곳은 우리 조상들이 400여 년부터 터를 잡아 살던 복된 마을이었다. 90여 가구의 마을에는 밀양 손씨가 대문중을 이루고 전의 이씨, 수원 백씨, 김녕 김씨, 진양 강씨, 광주 노씨, 경주 손씨, 남원 양씨, 김해 김씨, 칠원 윤씨, 순흥 안씨, 밀양 박씨들과

형제처럼 살아왔으나 1974년 공업입국의 대계에 따라 기계공업의 요람인 창원공단이 조성되어 마을은 헐리고 500여 명의 가족들은 고향을 떠나야만 했습니다. 돌아다보니 조상을 모시고 살던 집터며 돌담 따라 이어지는 골목길 집집마다 터밭과 몇 그루의 느티나무 그늘이 모두가 추억뿐인 이곳에는 금성산전㈜이라는 공장이 자리하고 있으니 고향을 찾을 길 없는 실향민이 되었습니다. 이에 우리는 망향의 그리움을 한마음으로 모아 우리 이웃과 가족들의 숨결이 묻어 있는 고향마을 앞 동구에 차마 떠날 수 없는 애절함을 담아 마을 유적비를 세우나니 부디 후손들이여 우리의 뿌리가 이곳에서 비롯되었음에 해마다 찾아 정리 마을의 맥이 염원하도록 모두 함께 고향을 기리기를 기원하노라.

1996. 11. 중등교장 손창곤 글

남촌 손춘섭 씀

죽전 기림비

위치 : 창원시 의창구 반계동 산39-8

건립 : 2012년 12월 28일

(앞면)

　천주산과 장복산을 좌우로 두고 반룡산 중골 자락에서 수백 년 논밭 갈며 일백여 호가 오순도순 이웃사촌으로 살았지요.

　정확한 마을의 형성 시기는 알 수 없으나 유구 등으로 보아 수천 수백 년의 삶의 역사가 있었으리라.

대나무처럼 사시사철 푸르름과 올곧음이

우리 죽전인들의 모습이지요.

그래서 마을 이름도 죽전이었으리라.

달고 찬 큰새미 맑은 물과 빨랑걸 정자나무 그늘은 우리들이 누린 축복의 땅이었습니다.

밀려오는 산업화의 드센 물결로 문전옥답 다 내어주고 쫓기듯 삶의 터전을 홀연히 떠나니 조상님의 뼈와 우리들의 태를 묻은 이곳을 어이 잊으리요.

돌 한 덩이 놓을 자리 여의치 못해 이곳 마을 초입에 기림비 세우니 죽전인들이여 오며 가며 우리 고향 죽전을 사랑하시고 길이길이 추억하시라.

2012년 임진 12월

죽전 사람 모두의 이름으로 세우다.

(뒷면)

죽전마을은

안담과 샛담 그리고 대밭골로 나누어 부르기도 하였으며 정월달의 지신밟기 농악과 단오절의 해추는 마을의 화합과 단결을 위한 한마당 축제이며 우리들의 낭만이자 큰 자랑이었다.

줄밭도랑 옛터

위치 : 창원시 성산구 가음동 30 창원습지공원 내

줄밭도랑 유허비

한국현대사의 경제개발정책으로 창원기계공업단지가 들어서기 전 경상남도 창원군 상남면 남산리 줄밭도랑(줄봇도랑, 대추밭 등)은 이곳에서 태어나고 자랐으며 삶을 이어갔던 사람들의 고향입니다. 불모산 골짜기에서 흘러내리던 맑은 물 남천을 만들었고, 남으로는 천년을 두고 우뚝 솟은 장복산, 마을 뒤편으로 대방천이 흘러내려 성산패총 앞에서 남천과 합수하던 곳. 사방으로 넉넉하게 펼쳐진 남면들 한가운데에 옹기종기 열두 가구가 형제 되어 오순도순 살았던 이 땅에서 우리 할아버지, 아버지 소 몰고 쟁기질하며 농사지으셨고, 우리 할머니, 어머니 길쌈하고 가마니 짜고 자식농사 지으셨던 곳. 봄이면 자운영 꽃밭에서 아이들 뒹굴었던, 여름날 앞갱변은 천혜의 수영장이었던 이곳. 좁은 골목길 따라, 돌담길 지나 탱자나무 울타리 끄트머리에 공동우물이 있던 동네 그때 그 아이들 이제는 모두 어른 되어 일가를 이루었는데…. 그립고, 아쉽고, 섭섭한 마음들을 모아 꿈에도 잊지 못하는 이곳에다 고향 줄밭도랑의 유허비를 세웁니다.

2014년 10월 09일

글쓴이 : 이춘하(시인, 한국현대시인협회 부이사장 역임)

중앙부락 옛터

위치 : 창원시 성산구 상남동 13-1 공영주차장 내

(뒷면)

중앙부락 유래

상남역에서 대저로 오가는 길목이었고, 워낙은 창원군 상남면 용지리였으나, 면사무소, 지서, 우체국, 초등학교 등이 자리하면서 용지리에서 분리되어 중앙부락이라 불렀다. 1970년대 정부의 근대산업화 시

책에 따라 사라진 동네를 회상하고 역 마당 언저리에 터를 잡아, 그 때
에 살았던 사람들이 그 흔적을 남긴다.

2013년 12월 20일

유허비 건립위원회 위원장 강대호

지귀.신촌 옛터

위치 : 창원시 의창구 봉곡동 5 꿈동산어린이공원 내

지금으로부터 약 350여 년 전 태복산 끝자락 구산 봉우리 밑에 앞으로는 염창과 오리바다와 대구바다인 문전옥답이 있으며, 마을 동쪽과 서쪽 어귀에는 아름드리 정자나무가 있었고, 동네 한가운데에는 퍼내어도, 퍼내어도 마르지 않는 약수 같은 공동우물이 있었고, 앞 냇가에는 조선시대에 유목정이란 아름다운 정자가 있었으며 오가는 길손들이 잠시나마 피로를 풀어주는 휴식처로 또는 조상님들께서 시조 한가락

하시는 장소로 이용되었으나 구전에 의하면 홍수로 유실되었다고 하니 안타까운 일이로다.

이렇게 아늑하고 엄마품 같은 인정 많고 인심 좋은 창원군 상남면 지귀(신촌)리에 백여 호(지귀 80여 호/신촌 20여 호)가 오순도순 정답게 살아가는 동네가 있었으나 70년대 들어 산업개발의 바람이 불어 창원공단이 들어서면서, 82년부터 정든 고향을 떠나 지금의 봉곡동과 명서동으로 이주하고, 일부는 고향을 떠나기도 하였으니, 어찌 안타까운 일이 아니겠느냐.

이 자리에 서서 고향을 바라보니 구산마루는 그대로인데 우리가 뛰놀든 정든 골목길과, 인정 많던 주민들은 보이지 않으니 조상님들의 영혼은 어찌 고향을 찾아 오실지……

이에 뜻있는 추진위원들이 힘을 합하여 조상님들의 영혼과, 부근을 떠도는 모든 영혼들을 위로하며, 후일 고향을 찾는 이들에게 이 자리에 서서 고향의 향수를 조금이라도 달래고 조상님들의 영혼을 위로하기 위하여 이 비를 세우다.

지은이 김일곤

2010년 5월 30일

지귀(신촌)리 이주민 일동

차상 기림비

위치 : 창원시 의창구 팔용동 500-1 유남주유소 입구

건립 : 2011년 9월 5일

차상리(車箱里) 기림비

반용산 보름달이

필 때면 산노루 토끼

갯꼴 송골에 내려와

춤을 추고

바닷물이 들 때면

꼬씨락 숭어 뛰고 자라 노니는

생이 방청길

양바우 파도소리

갈매기 날고 물총새 지저기는

그리운 님의 차상 땅

신묘 상춘 주산(辛卯上春桂山)

창곡 유적비

위치 : 창원시 성산구 웅남동 47 소공원 내

기리자 "창곡(昌谷)" 마을

산업기지로 바쳐진 창곡!

그 아름답던 산천은 사라졌으나

여기서 태어나 대대로 정을 나누었던

우리의 엉킨 우정을 이 돌에 새겨

영원히 잊지 말자.

지나간 추억이 그립거든 여기에 자주 들러

발전하는 우리의 고장 창곡을 기리자.

영원한 우리의 핏줄

　　　우리 사랑 창곡 만세…….

　　　　　　1999년 12월 18일

　　　　창곡동 유적비 건립추진위원회

천선동(遷善洞) 유적비

위치 : 창원시 성산구 천선동 454 천선동 보호수 옆

(옆면)

천선동의 유래

천년 유서 깊은 곰절(성주사) 아래의 천선동은 여러 성씨가 서로 이웃하여 대대로 형제처럼 다정하게 살아온 우리들의 고향이었다. 그러나 공업 입국의 기치 아래 창원공단이 조성됨에 따라 1980년에 우리들의 마을은 헐리고 정다웠던 우리들은 뿔뿔이 흩어진 지 10년이나 되었다. 생각하면 오랜 해묵은 건포구나무와 추억 서린 당산! 조그마한 돌조각과 풀 한 포기 이르기까지 그리움이 아닌 것이 없다. 고향의 사람들이여! 향수에 젖거나 옛정이 그리울 때 이곳을 찾아옴으로써 천선동의 한은 영원하리라 믿고 이 비에 글을 새겨 남기노라.

1990년 8월 19일 천선동민 일동

수문당(樹門堂)의 전설설(傳設說)

우리 조상들이 끊임없이 교감을 시도했던 자연이라는 큰 테두리를 두고 산수경관이 수려한 이곳에 천선 마을이란 터전을 가꾸었는데 자연의 모자람을 채우고 넘치는 부분은 억제하며 인간생활과의 조화를 이루어가며 마을 어귀인 이곳에 정자나무를 가꾸어 숲을 이루어 당을 쌓아 무속신앙을 숭배하기에 마을의 수호신인 당산할머니를 믿음의 상징으로 숭배하며 부락의 안녕과 발전을 기원하는 당제를 올려왔으며 성주사(곰절)란 사찰이 이웃하여 새로운 신앙을 가지자는 신도들이 이곳 숲속 오솔길을 드나드니 곰절의 관문으로 자리잡게 되어 이름하여 수문당이라 일컫게 되었노라. 요즘도 당제를 해마다 올리며 조상의 얼을 되새기고 부락민의 안녕을 기원하는 큰 행사로 이어져 오고 있노라.

퇴촌(退村)마을 옛터비

위치 : 창원시 의창구 사림동 36-1 사림민원센터 옆

퇴촌마을 옛터비

여기는 아득한 옛적부터 우리 조상들이 대대로 안주하던 유서 깊은
고장이다. 뒤로는 정병산(고명:전단산) 동에는 불모산과 장복산 서북
간에는 봉림산이 병풍처럼 둘러선 분지의 상단에 위치하므로서 정병산
성에서 발원한 퇴촌계곡과 용추천수(龍湫川水)가 합류하니 옥야의 젖
줄이 되고 다시 유목천으로 이르러 봉암을 통해 마산만으로 시원하게
흘러간다. 이곳에 우리 선조들이 삶의 터전을 마련하니 명승락지였었

다. 이곳 터전을 마련한 연대는 문헌에 미비하나 조선조 중엽인 임란 전후부터 퇴촌리(고명:퇴로촌(退老村))로 명명하여 백여 호가 오순도 순 생존한 이곳이다. 그 촌락 분포를 보면 본동에 우각담 아래각담 새 깍담을 이루고 위쪽에는 상림 상촌 부락으로 구성되니 산수 수려하여 조상대대로 땀의 체취와 발자취가 서린 곳이니 지금도 양질의 지하수 가 사격장 밑에 공동식수장을 만들어 주민들이 길어다 먹고 있다. 본 동민들은 국가발전의 계획에 협조하여 누대로 정 들여 살던 옛터를 떠 나 새로 조성된 택지로 이주하고 일부는 생업을 위해 본의 아니게 산 설고 물 선 타지로 이산(移散)하니 많은 실향민이 생겨났다. 이제 퇴촌 리는 역사의 뒤안길로 걸우고 사림동으로 개명되었다. 이에 우리는 퇴 촌리의 유래를 길이길이 후대에 전함과 아울러 고장의 발전과 원주민 후손들의 무궁한 행복을 천지신명과 조상의 정령께 축원하면서 이제는 흩어져 살 수밖에 없는 퇴촌인의 열망과 창원시의 협조로 여기에 비를 세우고 이를 길이 세기고저 한다.

서기 2006년(병술) 12월 5일

퇴촌리 이주민향우회 일동

안정현 글

회향비(懷鄕碑) 평산(坪山) 유적지

위치 : 창원시 의창구 팔용동 72-1 평산초등학교 옆 평산공원 내

예전 비문(현재 유적비에는 비문 없음)

천주산 봉주기 평산 / 사백년이 되었구나

배후도시 개발계획 / 구십년에 시행되여

석주굴에 쌍바위는 / 땅밑에다 묻어놓고

문전옥답 열마지기 / 무슨공장 들어섰노

방구굴에 놀던반석 / 연산제에 세워놓고

금담들에 이주하여 / 자손만대 누리리라

2005년 10월 3일 우산 이재형 지음

해정(海亭) 유적비

위치 : 창원시 의창구 대원동 109 대원레포츠공원 내

(앞면)

무릇 고향이란

잃은 자의 가슴에도

혼불처럼 남는 것

형제여!

송해와 꼬시락.

갱게이와 가모챙이며

또 새칩은.

그 질펀한 개펄.

풍요롭던 소금밭.

돛단배 너머

풍어가 한 소절

아직도 귀에 쟁쟁한데.

내 태어나 잔뼈 굵고

가시내들 에미 되고

선머슴아들 애비 된.

선대의 구릿빛 숨결 서린 곳

떠나 있어 더욱 애틋한

망향의 정 잊을 수 없어

여기 해정 마을 옛터에

돌 하나 세워 기린다.

(뒷면)

본 유적비는 70년대 창원공단 조성으로 실향민이 된 해정인들이 수
구초심의 아쉬움을 달래기 위해 본 비를 건립함에 30명의 해정회 회원

과 본 부락 출신 재일동포 이창호 씨의 지원으로 준공되다.

해정인이여! 이를 계기로 돈독한 형제애와 영원한 마음의 고향으로 깊히 간직하소서!

2002년 4월 14일

해정회 회원 일동 세움

'영원한 해정인'

본 부락은 남천 내 하단 마산만과 접하고 삼면이 해수 육수가 교류하며 동산인 와우산이 부락을 수호하는 곳으로 공부상 덕정이나, 자연경관이 수려하여 해정이라 칭하였다. 해정에는 강씨, 김씨, 박씨, 이씨, 윤씨, 서씨, 손씨, 송씨, 옥씨, 황씨 70세대가 농사를 주업으로 생활하였다. 공단 조성 후 이주하여 고향을 그리워하며 살아가고 있다.

그 시절 긍지를 가지고 최선을 다하여 살아온 해정인들의 애환이 담긴 삶의 흔적을 오래 간직하고자 세대주와 자의 이름을 새긴 비를 세워 영원히 남기고자 한다.

2004년 12월 5일

해정회 일동 세움